青魚で㊏せになれる本

あじ・いわし・さばを
おいしく、楽しむ。

丸々太って脂がのってるよ

青魚は

朝5時。すでに豊洲市場は活気にあふれていた。ターレをよけながら細道をずんずん進むと、いましたよ！ ピチピチのあじといわしとさばが。まぐろのように大きくはないけれど、鯛のように華やかではないけれど、港から市場に届いた青魚はピンと背筋をのばし、きらきら輝いている。その姿は凛として美しく、まん丸の目は愛らしい。広い海からトーキョーの市場へ。ようこそ、そして、ありがとう。尊い命を大切にいただきます。

かわいい。

青魚はおいしい。

あじ、いわし、さばは庶民の味方。ほぼ一年じゅう、安く手に入る我らの味方（真さばは近ごろ、お高いけれど）。何よりおいしい。小さな体にうまみがギュッと詰まっている。塩をふって焼くだけで、パリッと焼けた皮もふっくらと火が入った身も、すべてがごちそうになる。あじやいわしは頭と尻尾がついたままでも、おろして料理してもいい。形が変われば味わいも変化する。自分でおろせるようになるとそんな発見もあって楽しいのだ。

今日は何を作ろうかな～♪

青魚は

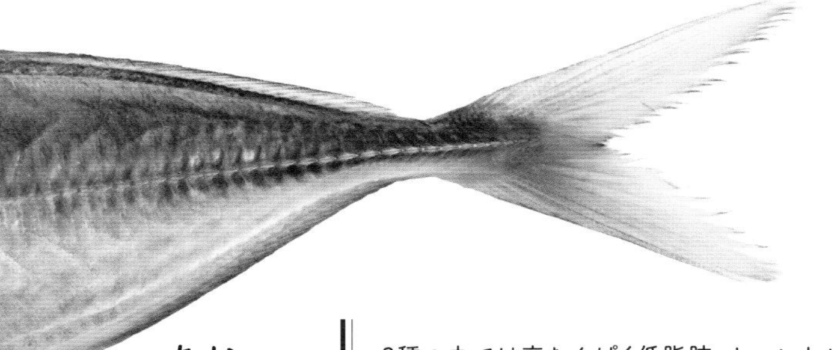

あじ

112kcal/100g
（1尾：約160g）

3種の中では高たんぱく低脂肪。カルシウムやビタミンB群が豊富。うまみ成分のグルタミン酸やイノシン酸を含むので、「あじ＝味がいい」という説も納得！

いわし

156kcal/100g
（1尾：約120g）

カルシウムの含有量が多く、カルシウムの吸収率を上げるビタミンDも豊富。マグネシウム、リンといった骨の形成に欠かせないミネラルも含みます。

さば

211kcal/100g
（半身1枚：約150g）

DHA、EPAともに魚の中でトップクラスの含有率。血合いには鉄、ビタミンA、B_1、B_2が多いので、残さずおいしく食べましょう。

体にいい。

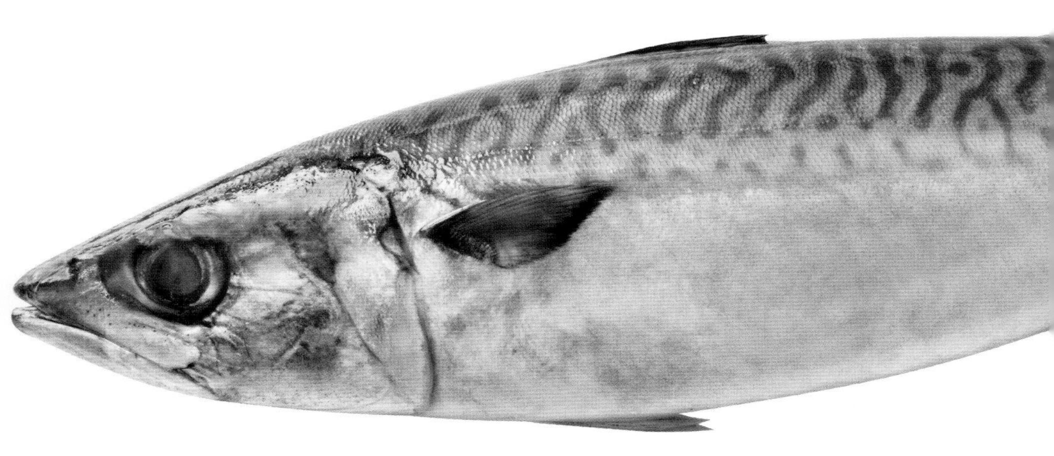

あじ、いわし、さばには、脳の機能を高め、記憶力アップや認知症予防に効果があるといわれる「DHA（ドコサヘキサエン酸）」、血液をさらさらにして血圧や血中コレステロール値を下げる働きのある「EPA（エイコサペンタエン酸）」が多く含まれている。これらは不飽和脂肪酸のひとつで、とくに青魚の脂に豊富な成分。安くておいしいうえに、健康と長生きのお手伝いもしてくれる。青魚って、本当にエライ！

もくじ

〈1章〉青魚と仲良くなる
あじ・いわし・さばの自己紹介

〈2章〉新しい食べ方1
あじをおいしく楽しむ

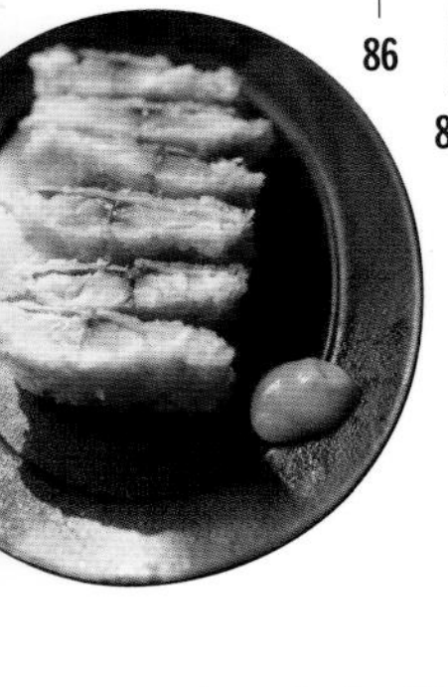

〈3章〉新しい食べ方2
いわしをおいしく楽しむ
イタリア・ポルトガル・スペイン……。
外国の「いわしっ喰い」をお手本に――90

〈4章〉新しい食べ方3

さばをおいしく楽しむ

【ひみつのレシピ】

この本の使い方

【青魚について】

○材料表のあじは「真あじ」、いわしは「真いわし」、さばは「真さば」を使用しています。

○「真さば」が手に入りにくいときは、「ごまさば」で代用できます。ただし、仕上がりの味わいが異なります。

○魚の大きさに個体差があるので、調味料の分量は味をみながら加減してください。加熱時間もあくまでも目安として、様子を見ながら調理してください。

【表記と道具について】

○大さじ1＝15ml、小さじ1＝5ml、1カップ＝200ml、1合=180mlです。

○ひとつまみは親指、人差し指、中指で軽くつまんだ分量です。

○揚げ油の温度は専用の温度計を使用するか、次の方法を目安にしてください。
乾いた菜箸をかたくしぼったふきんでさっと湿らせてから揚げ油に入れたときに
150～160℃ …… 細かい泡が静かにゆっくりとまばらに上がってくる状態。
170～180℃ …… 細かい泡がシュワッと上がってくる状態。
190～200℃ …… 細かい泡が勢いよく上がる状態。

○電子レンジの加熱時間は600Wの場合の目安です。機種により加熱時間が異なるので、取扱説明書の指示に従い、様子を見ながら調理してください。

○魚焼きグリルは両面焼きのものを使用しています。片面焼きグリルの場合は加熱時間を長めにし、途中で食材の上下を返すなど、様子を見ながら調理してください。なお、機種によって火力が異なるので、様子を見ながら調理してください。

○オーブントースターの加熱時間は1000Wの場合の目安です。W数が異なるときは、様子を見ながら調理してください。

○オーブンは機種により加熱時間が異なるので、取扱説明書の指示に従い、様子を見ながら調理してください。

○フライパンはコーティング加工を施しているものを使用しています。

【材料と作り方について】

○野菜を洗う、皮をむく、へたや種を取る、根元を切り落とすなど、基本的な下ごしらえは作り方から省略している場合があります。適宜行なってください。

○材料表の塩は自然塩、しょうゆは濃口しょうゆ、みそは米みそ（信州みそ、仙台みそなど）を使用しています。

○材料表のオリーブオイルは、エクストラ・ヴァージン・オリーブオイルを使用しています。

この本のおもな**登場人物**

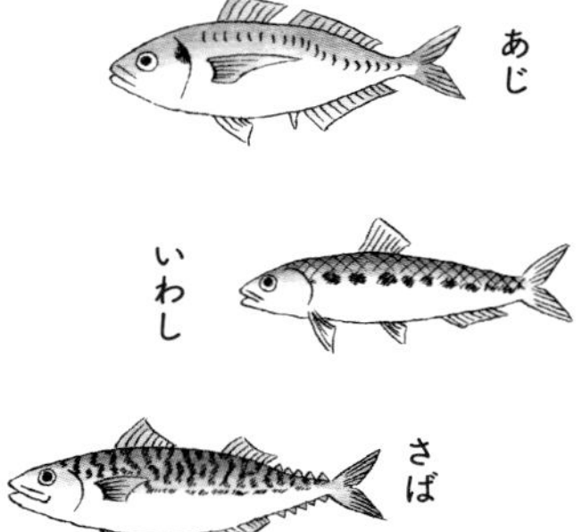

この本の主人公（魚ですが……）。かわいくて、安くて、おいしくて、栄養のある青魚トリオ。一年を通して手に入りやすく、いろいろな料理で私たち人間の舌を楽しませてくれる。

島津 修さん

豊洲市場の水産仲卸で働く魚のプロ。魚の扱い方を初心者にもわかりやすく教えるプロでもある。この本では、青魚の知識や、あじ・いわしのおろし方を担当。新田さんは友人であり、お魚イベントを一緒に開催する親しい仲間。

新田亜素美さん

フードスタイリスト。子どものころから青魚を調理するのも食べるのも好き。大人になってからは、青魚に合うお酒を探るのも楽しくなった。あじ・いわし・さばの料理がワンパターンにならないよう、この本では新しい味を提案している。

1章

青魚と仲良くなる あじ・いわし・さばの自己紹介

あじ

真あじ／鯵

スズキ目アジ科

【別名】

ゼンゴ

ホンアジ

選ぶときにチェック！

☑ 皮にハリがある（シワシワはダメ！）

小ネタ

ぜいごって？

「ぜんご」「稜鱗（りょうりん）」とも呼ばれ、小さくてとがったうろこがあじの両脇腹に帯状に連なってついています。なぜ、あじにぜいごがついているのか理由はわかっていませんが、魚が水圧や水流の変化を感じとる「側線」という器官を保護するためという説が有力。

料理のレパートリーが広がりやすい

☑ 体が銀色に輝いている

分布

北は北海道から南は九州まで日本各地のほか、朝鮮半島周辺から東シナ海にも分布。

体長

大きいもので40cmに達する。20〜30cmを中あじ、10〜20cm未満を小あじ、10cm未満を豆あじと呼ぶ。

旬

通年。初夏に脂がのる地域もあれば、秋にうまみが増す地域も。獲れる場所によって異なる。

有名な産地

長崎、島根、鳥取、千葉など。
大分県佐賀関沖の「関あじ」、島根県浜田漁港に揚がる「どんちっちあじ」、南房総などで水揚げされる「黄金あじ」は出会ったらぜひ食べたいブランドあじ！

エサ

あじは肉食。仔魚は小型の動物性プランクトンを食べ、成魚になるといわしやきびなごなどの魚、いか、甲殻類などを食べる。

小ネタ

黒あじと黄あじ

本来あじは沖合を回遊する魚。よく泳いだあじは身が締まっていて脂ののりは少なめ。体全体が黒っぽいので「黒あじ」と呼ばれます。いっぽう、エサが豊富な内湾や瀬に定着し、回遊しないあじを「瀬付きのあじ」「根付きのあじ」といい、脂をたっぷりとため込み、体が黄色っぽいことから「黄あじ」と呼ばれます。スーパーによく並んでいるのは前者。

味がいいから「あじ」と名がついた。ダジャレのようなこの説が広まったのは、江戸時代の政治家で学者の新井白石が著書「東雅」に記したからといわれている。

IWASHI

いわし

真いわし／鰯

ニシン目ニシン科

【別名】

ナナツボシ

ヤマトミズン

傷みやすいので、魚へんに「弱」と書きますが、おいしさは「強い（濃い）」魚です。

選ぶときにチェック！

☑ 身にハリがある

包丁をほとんど使わずにおろせる

とにかく安くて経済的

☑ 七つ星がぼやけているものは脂がのっている

旬

通年。梅雨の時季に出回る「入梅いわし」が絶品。

分布

北は北海道から南は沖縄まで全国各地に生息するほか、オホーツク海、朝鮮半島周辺、中国、台湾などにも分布。真いわしに似た仲間は世界各地に生息しており、ポルトガルでは国民食として親しまれている。

体長

18cm以上を大羽いわし、15cm前後を中羽いわし、10cm以下を小羽いわしと呼ぶ。

有名な産地

和歌山、静岡、千葉、宮城、北海道など。北海道の「根室七星」はトロいわしともたとえられる脂ノリノリのブランドいわし。大阪の岸和田漁港をはじめ、京丹後、千葉の房総などで水揚げされる「金太郎いわし」も有名。

☑ 体が青々と輝いている

エサ

プランクトンを食べる。

☑ 目にハリがある

小ネタ

海の米

いわしは成長がはやく、卵をたくさん産む魚。魚類、鳥類、クジラやイルカなどの哺乳類など多くの海の生き物のエサになるため、「海の米」との異名をとるほど。対して人間が食用としている真いわしは漁獲量の半分以下ともいわれ、肥料や養殖魚のエサなど食用以外に活用されています。

うまみが豊富。内臓までおいしい!

いわしは無胃魚。食べたエサがお腹にほとんど残っていません。新鮮なものを塩焼きにして食べると、内臓もおいしいですよ。

小ネタ

ななつぼしって?

体の側面にある黒い斑点のこと。いわしのチャームポイントです。でも、数えてみると必ずしも7個ではなく、中には10個並んでいるものも!

平安時代の貴族はいわしを卑しい魚として嫌っていたが、紫式部は好んで食べたという言い伝えがある(諸説あり)。

SABA さば

真さば／鯖

スズキ目サバ科

【別名】

ヒラサバ

ホンサバ

選ぶときにチェック！

☑ さば紋がはっきりしている

☑ 腹が丸く、太っている

小ネタ

真さばとごまさば

日本で獲れるさばは「真さば」「ごまさば」のおもに2種類。脂のうまみが上品な真さばは、さばの王様ともいわれ、秋から冬が旬。いっぽう、さっぱりとした味わいのごまさばは夏に多く獲れます。一見よく似ていますが、「さば紋」と呼ばれる背中のまだら模様の下（腹側）に黒くて細かい斑点が出るのがごまさばです。

分布

北は北海道から南は沖縄まで日本各地のほか、世界じゅうの亜熱帯や温帯海域に分布する。

体長

大きいもので50cmに達する。1年で20～28cm、2年で28～35cmまで育つ。

旬

獲れる場所によって異なるが、一般的には秋～冬のさばが、脂がのっておいしいといわれる。

有名な産地

佐賀、長崎、千葉、宮城など。
大分県佐賀関沖の「関さば」、宮城県石巻漁港に揚がる「金華さば」などのブランドさばは、体が大きくうまみが濃いことで知られる。

切り身の場合は、皮にハリがあって血合いが茶褐色ではないものを選びましょう。

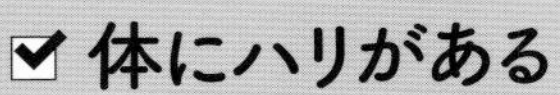

エサ

さばは肉食。仔魚は小型の動物性プランクトンを食べ、成魚になるといわしやあじなどの魚、いか、甲殻類などを食べる。

小ネタ

使える!さばの水煮缶

魚缶の2大巨頭といえば、さば缶とツナ缶です。生産量1位を長年キープしていたツナ缶ですが、テレビや雑誌などでさば缶の健康効果が取り上げられたことから、2016年にさば缶が追い抜き、1位に。現在でもその人気は衰えず、品質も年々アップしています。

夏はそうめんつゆにさば水煮缶を入れて食べるのが定番。途中でトマトジュースを加えて味変するのもおすすめです。

さば水煮缶の汁を水でのばし、塩、しょうゆ、ごま油で味をととのえます。春雨とさば水煮を煮れば、さばの簡単チャプチェに!

徳島県海部郡海陽町に、弘法大師の伝説に由来する「鯖大師本坊(八坂寺)」がある。鯖を3年間断って祈念すると願いごとがかなうのだとか……。

魚は自分でおろしてもお店にお任せしてもいい

この本では、あじといわしのおろし方をわかりやすく解説しています。でも、時間がないときや、おろし慣れていない場合は、鮮魚店やスーパーの魚売り場に任せるという手もあります。ここではお店への伝え方と本書に掲載されている料理例（一部）を紹介します。

【あじ】

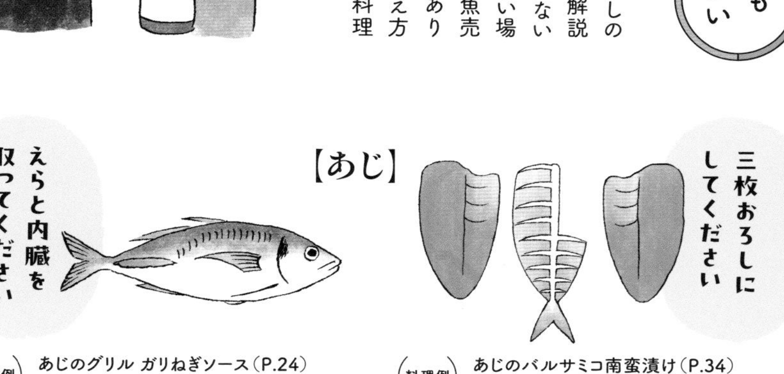

（料理例）あじのグリル ガリねぎソース（P.24）
あじの中華風花椒蒸し（P.29）　など

（料理例）あじのバルサミコ南蛮漬け（P.34）
あじのキンパ（P.80）　など

※ぜいごが不要なら「ぜいごを取ってください」とひと言添える。
※腹骨、小骨、皮を取りたい場合も相談を（店によっては取ってもらえないこともある）。

【いわし】

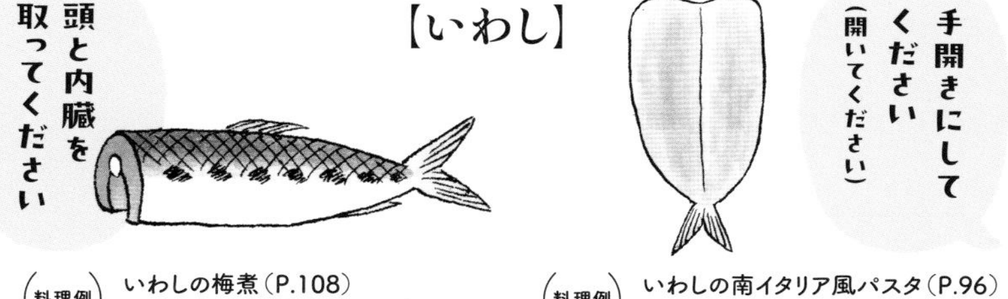

（料理例）いわしの梅煮（P.108）
いわしのオイル梅煮（P.109）

（料理例）いわしの南イタリア風パスタ（P.96）
いわしのパリふわ焼き（P.114）　など

さばの切り身のこと

スーパーでパック詰めされているさばは、「二枚おろし（片方の身に背骨がある状態）」や「三枚おろし（両方の身に背骨がない状態）」、おろした身を切り分けた「切り身」などさまざまな形があります。

よく見かける「二枚おろし」ですが、背骨がある身はくずれにくいので煮物に、背骨がない身は好みの大きさにカットして焼き物や揚げ物に、と使い分けしやすいのが特徴。

身から背骨を切り取りたいとき、腹骨や小骨を取りたいときは、あじの下ごしらえを参考に。

2章

新しい食べ方1

あじをおいしく楽しむ

＼エブリデイあじ♡／

酸味・ハーブ・薬味と
組み合わせて、
新たなおいしさを
見つける

日本近海に生息するあじは、日本人にとってもっとも親しみのある魚。青魚の中ではクセがなく、あっさりとした味わいが特徴です。そのおいしさを引き立ててくれるのが、レモンや酢などの「酸味」、パセリやパクチーなど香り豊かな「ハーブ」、青じそやねぎといったなじみ深い「薬味」。これらをプラスするだけで、あじの味にメリハリが出て、レパートリーが驚くほど広がります。まずは定番の塩焼きに薬味ソースをかけるところから始めてみましょう。いつもの味ががらりと変わって、楽しいですよ。

◎あじの塩焼きをアップデート。ソースをかけるだけで「主役」に躍り出ます

① あじはうろこ、えら、内臓を除いて洗い、水けをふく。表面に塩をふる。
② 魚焼きグリルにあじを並べ、上下強火で10分ほど焼く。
③ ガリは粗みじん切りにし、青じそは5㎜四方に切る。Aと合わせてよく混ぜる。
④ 器に②を盛り、③をかける。

2人分

あじ……2尾
塩……ふたつまみ
ガリ（しょうがの甘酢漬け）……30g
青じそ……2枚
A 長ねぎ（みじん切り）……小さじ2
　ガリの汁……大さじ2
　オリーブオイル……大さじ1
　しょうゆ……小さじ1

Point

盛りつけたときに表になるほう（頭が左、腹側が手前）を上にして焼くときれいに仕上がります。片面焼きグリルの場合も表になるほうを先に焼き、焼き色がついたら裏返します。

あじの塩焼きはおいしいけれど、献立の主菜となると少々寂しい。そこで考えたのが、ソースをかけること。ガリと薬味野菜を刻んで、オイル、しょうゆを混ぜるだけの簡単ソースですが、しそやねぎの香り、ガリの甘酸っぱさが加わって、塩焼きが主役に躍り出ます！

あじのアクアパッツァ

◎あじを丸ごと煮るだけで威風堂々イタリアン。あさりやトマトのうまみが華を添えます

イタリアを代表する魚料理、アクアパッツァ。通常は鯛やすずきなど白身魚を使いますが、クセのないあじなら、あさりのうまみやトマトの酸味、クレソンの清涼感となじみます。尾頭付きの見た目の豪華さはもちろん、骨から出るだしも目を見張るおいしさです。

フライパンに残った汁は、うまみのかたまり。ゆでたパスタに絡めて余すことなく食べつくしましょう！

2人分

あじ……2尾
塩……ふたつまみ
あさり（殻つき・砂抜きをする）……10粒
ミニトマト（へたを取る）……8個
にんにく（薄切り）……1かけ分
黒オリーブ（薄切り）……大さじ1
クレソン（ざく切り）……適量
オリーブオイル……大さじ2

①あじはうろこ、ぜいご、えら、内臓を除いて洗い、水けをふく。表面に斜めに1本切り込みを入れ、塩をふって5分ほどおく。

②フライパンにオリーブオイルを強火で熱し、①の両面をこんがりと焼く。弱火にしてにんにくを加え、香りが立つまで炒める。

③②に水2カップを注ぎ、ミニトマト、あさり、黒オリーブを加え、強火にする。途中、あさりの殻が開いたら取り出し、さらに煮汁が⅓量くらいになるまで煮る。

④③にあさりを戻し入れてオリーブオイル適量（分量外）をかけ、クレソンを散らして火を止める。

ハーブをしょうがや長ねぎのみじん切りに変えれば、純和風のみそ焼きになります。

あじのハーブみそ焼き

2人分

あじ……2尾
塩……ふたつまみ
A
- イタリアンパセリ（みじん切り）……大さじ½
- ディル（みじん切り）……大さじ½
- タイム（葉を摘む）……大さじ½
- にんにく（すりおろす）……小さじ1
- みそ……大さじ2
- みりん……大さじ1½

オリーブオイル……適量
〈つけ合わせ〉
イタリアンパセリ、タイムなど残ったハーブ……各適量

①あじはうろこ、えら、内臓を除いて洗い、水けをふく。表面に塩をふる。
②Aをよく混ぜ、あじの腹の中と表面にしっかりぬり込む。
③魚焼きグリルにアルミホイルを敷いて②を並べ、オリーブオイルを全体にかける。上下強火で9～10分焼き、表面に焦げ目をつける。

◎中国料理の名店風の味を電子レンジで。たれに加えた花椒の香りが鼻先をかすめます

あじの中華風花椒蒸し

2人分

あじ……2尾
塩……ふたつまみ
紫玉ねぎ……1/5個
小ねぎ……3本
にんにく（薄切り）……1かけ分
しょうが（薄切り）……6枚
A しょうゆ……大さじ2
　ごま油……大さじ1 1/2
　酒……大さじ1
　砂糖……小さじ2
　花椒（ホワジャオ）……小さじ1/2

①あじはうろこ、ぜいご、えら、内臓を除いて洗い、水けをふく。表面に十字に切り込みを入れて塩をふり、腹の中ににんにくとしょうがを詰める。
②紫玉ねぎは薄切り、小ねぎは斜めに切る。
③耐熱皿に①を並べ、Aを混ぜてかける。ラップをふんわりとかけ、電子レンジで3～4分加熱する。②をのせる。

あじの下ごしらえ 1

一尾丸ごと料理する場合

えらを取る

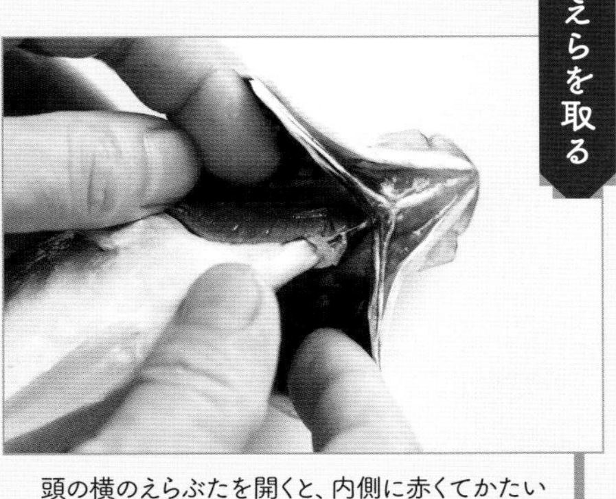

頭の横のえらぶたを開くと、内側に赤くてかたいえらがある。傷みやすく、生臭さの原因になるので取り除く。えらを取る前にうろこを取り（P.48）、必要ならぜいごを取っておく（P.49）。

あじの腹を上にしてえらぶたを広げ、人差し指を差し込んでえらをつまむ。

つまんだえらを、えらぶたから引っ張り出して取り除く。内臓がつながって出てきてもOK。

内臓を取る

頭を右、腹を手前にしておき、胸びれのつけ根から肛門に向かって包丁で1本切り込みを入れる。

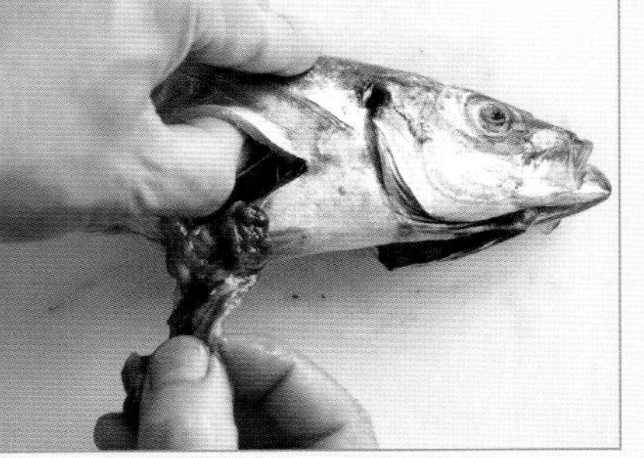

包丁の切っ先で内臓を少しかき出し、さらに指でつまんで引っ張り出す。

水けをふく

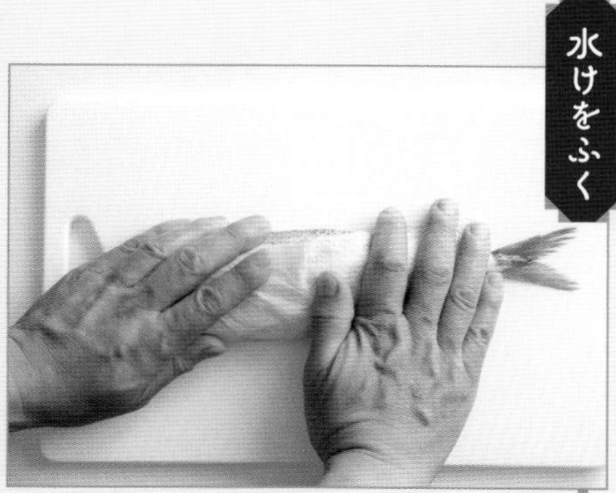

まな板にキッチンペーパーを敷き、あじをのせて全体を包んで水けをふく。別のキッチンペーパーを折りたたみ、表面の水けをしっかりふき取る。

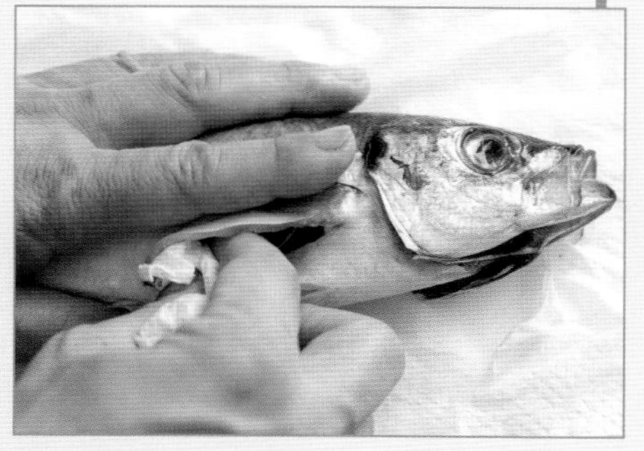

腹の切り込みにも折りたたんだキッチンペーパーを入れ、水けをふく。生臭さの原因となる内臓や血が残っていたらしっかりふき取る。

【表】

【裏】

頭を左、腹を手前にしておいたときに、上側になる面が「表」、下側が「裏」。あじを一尾丸ごと盛りつけるときは、腹の切り込みが見えないように表を上にする。

洗う

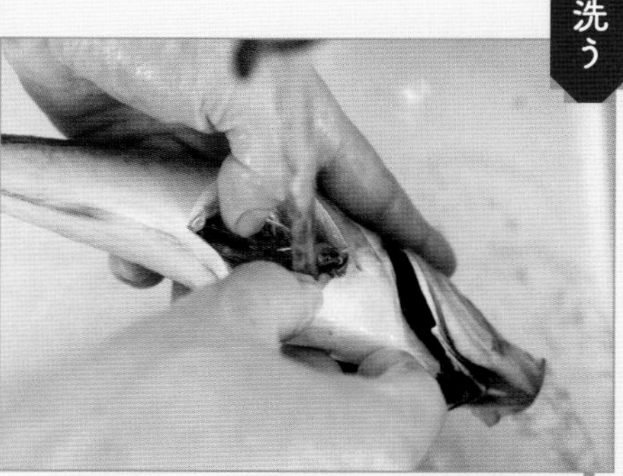

流水で腹の中をさっと洗う。魚は真水が苦手なので、手早くが基本。

えらぶたを開き、えらがあったところもさっと洗う。

最後に表面の汚れやうろこをさっと洗い流す。腹の中から表面まで流水にさらす時間は10秒以内におさめる。

豆あじレシピ

豆あじのスパイスから揚げ

2人分

豆あじ…… 14尾
塩…… ふたつまみ
じゃがいも…… 2個
揚げ油…… 適量
片栗粉…… 適量
A パプリカパウダー…… 大さじ½
　チリパウダー…… 大さじ½
　塩…… 小さじ1
　砂糖…… 小さじ1

〈つけ合わせ〉
イタリアンパセリ、トレビス…… 各適量

ビールが止まらなくなるから揚げです。パウダースパイスをカレー粉適量に変えても、また違ったおいしさが楽しめます。

①豆あじは内臓を取って洗い、水けをふいて塩をふる。
②じゃがいもは皮つきのまま小さめのくし形に切り、さっと水でぬらして耐熱皿に並べ、ラップをふんわりとかけて電子レンジで3分加熱する。
③揚げ油を180℃に熱し、豆あじに片栗粉をしっかりまぶして②のじゃがいもとともに3〜4分揚げ、油をきる。
④Aを混ぜ、③が熱いうちに和える。

豆あじの下ごしらえは包丁いらず

頭をポキッと折る

えらと内臓を指でつまんで引っ張り出す

これでOK。簡単でしょ？

豆あじのから揚げ 2種のソースで

2人分

豆あじ……20尾
塩……ふたつまみ
揚げ油……適量
片栗粉……適量

①右ページのから揚げと同じように豆あじを揚げ、ソースの材料を混ぜ、豆あじにかけて食べる。

【サルサソース】
トマト（粗みじん切り）……中1個分
玉ねぎ（みじん切り）……20g
パセリ（みじん切り）……大さじ1
タバスコソース……小さじ1
トマトケチャップ……大さじ1

【ハニーマヨソース】
マヨネーズ……大さじ3
はちみつ……小さじ2
塩……少々

◎ピリ辛ソースとまろやかソースを行ったり来たり。豆あじにのびる箸が止まらない！

あじのバルサミコ南蛮漬け

◎甘酸っぱいバルサミコ酢の向こうに、ほっとするしょうゆ味が隠れています

揚げあじのベトナム風サラダ

◎揚げ魚×ディルは、ベトナム・ハノイで出会った味。柑橘のおかげで、後味さっぱり！

あじのバルサミコ南蛮漬け

2人分

あじ（三枚におろしたもの）……2尾分
塩……ふたつまみ
ズッキーニ……½本
なす……1本
赤パプリカ……1個
揚げ油……適量
片栗粉……適量
A しょうゆ……大さじ2
バルサミコ酢……大さじ1
酒……大さじ1
砂糖……小さじ2

ご飯もお酒も進む味です。野菜は玉ねぎ、ピーマン、ミニトマトを素揚げするのもおすすめ。

片栗粉はまんべんなく、あじ全体にまぶします。くっつきすぎた粉はあじ同士をポンポンたたいて落としましょう。

① あじは腹骨を取り、長さを3等分に切って塩をふる。ズッキーニとなすは2㎝幅の輪切り、赤パプリカは種を取って縦6等分に切る。
② 小鍋にAを入れて中火にかけ、軽く煮立たせて火を止める。
③ 揚げ油を180℃に熱し、あじに片栗粉をしっかりまぶして2〜3分揚げ、油をきる。
④ ①の野菜を③の揚げ油でこんがり揚げ、油をきる。
⑤ ③と④を熱いうちに②に漬ける。

揚げあじのベトナム風サラダ

ディルがなければミントを散らしても。ハーブと魚醤で、あじがベトナムまでひとっ飛び！

2人分

あじ（三枚におろしたもの）……2尾分
塩……ふたつまみ
水菜……2株
グレープフルーツ……½個
ディル（あれば）……適量

A
- ヌクマム（ナンプラーでも）……大さじ2
- 砂糖……大さじ2
- レモン汁……大さじ2
- 水……大さじ2
- 赤唐辛子（輪切り）……1本分
- 塩……少々

B
- 片栗粉……大さじ4
- 薄力粉……大さじ2
- 水……大さじ4

揚げ油……適量

① あじは腹骨を取り、長さを3等分に切って塩をふる。水菜は4㎝長さに切る。グレープフルーツは薄皮をむいて半分に切る。ディルはちぎる。Aは混ぜる。

② Bをよく混ぜて衣を作る。

③ 揚げ油を190℃に熱し、あじにBの衣をしっかりまぶして2分ほど揚げ、油をきる。

④ 器に水菜、グレープフルーツ、ディル、③のあじを盛り、Aをかけて混ぜながら食べる。

あじは火が通りやすいので、高温の油＆短時間で揚げるのがポイント。衣が白っぽくても大丈夫です。

◎塩昆布とレモンで味がピタリと決まります。しっとりレタスであじをくるんで召し上がれ

あじとレタスの重ねレモン蒸し

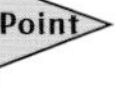

あじ、レモン、レタスは少しずつずらしながら重ねます。レタスが多すぎると水っぽい仕上がりになるので、注意しましょう。

あじ（三枚におろしたもの）……2尾分
塩……ふたつまみ
レモン……½個
レタス……3枚
みょうが……1個
塩昆布……小さじ2
酒……大さじ1
オリーブオイル……大さじ2

① あじは腹骨を取り、塩をふる。
② レモンは薄い輪切りにする。レタスはひと口大にちぎる。みょうがは斜め薄切りにする。
③ 耐熱皿にあじ、レモン、レタスを重ね、塩昆布、みょうがをのせる。酒、塩少々（分量外）をふりかけてラップをふんわりとかけ、電子レンジで3分加熱する。
④ ラップを外し、オリーブオイルをかける。

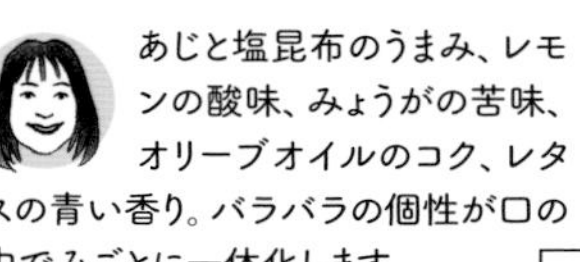

あじと塩昆布のうまみ、レモンの酸味、みょうがの苦味、オリーブオイルのコク、レタスの青い香り。バラバラの個性が口の中でみごとに一体化します。

◎さわやかなのにコクがある不思議なおいしさ。大衆魚のあじが洗練された洋風煮物に

あじときのこのお酢クリーム煮

2人分

あじ（三枚におろしたもの）……2尾分
塩……ふたつまみ
薄力粉……適量
まいたけ……½パック
エリンギ……1〜2本
にんにく（薄切り）……1かけ分
オリーブオイル……大さじ2
A 生クリーム……1カップ
　牛乳……½カップ
　砂糖……小さじ1
　塩……小さじ½
酢……小さじ2
粗びき黒こしょう……適量
イタリアンパセリ……適量

① あじは腹骨を取り、長さを半分に切る。塩をふって薄力粉を薄くまぶす。まいたけはほぐす。エリンギは縦半分に切り、縦5㎜幅に切る。

② フライパンにオリーブオイルを中火で熱し、あじを皮を下にして2分ほど焼く。裏返して1分ほど焼き、取り出す。

③ ②のフライパンににんにく、きのこを入れ、強火でこんがりと炒める。Aを加え、とろみがついたら火を止める。②のあじを戻し入れ、中火で2分ほど煮る。酢を加え、とろみがついたら火を止める。

④ 器に③を盛ってこしょうをふり、イタリアンパセリを添える。

Point
あじは皮のほうから焼きます。粉をまぶしてから焼くので、カリッとした食感に。

ふだんは鶏肉や白身魚で作りますが、クセのないあじにもよく合うクリーム煮です。焼いたあじを煮るので、魚特有のにおいがクリームに移ることもありません。

あじの献立

スーパーであじとあさりが安かったので、今日はアクアパッツァに。あじはおろさず一尾のまま。器に盛りかえず、フライパンのまま。手間無しなのに、何だか豪華なテーブルに。アクアパッツァがさっぱりとした味だから、副菜にはゆで卵たっぷりのポテトサラダと、濃厚なアボカドののりわさび和えを。ゆでておいたパスタにアクアパッツァの煮汁を吸わせて残さず食べれば、ふう、お腹いっぱい！ 大満足の夕ご飯となりました。

「あじのアクアパッツァ」P26

あじの下ごしらえ 2

三枚おろしにチャレンジ

はじめての人にもわかりやすく教えるよ!

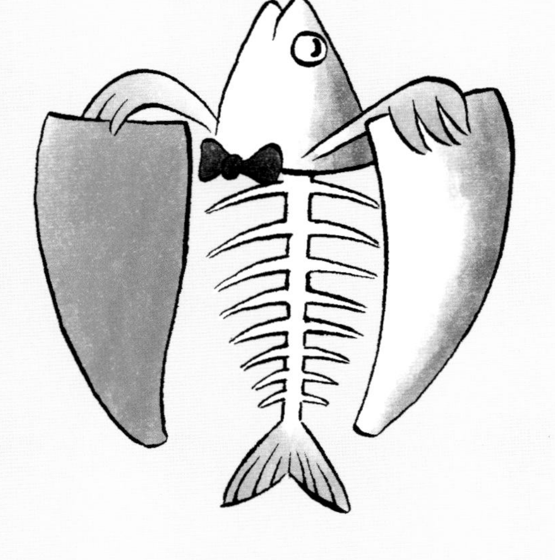

あじがおろせなくても、困ることはありません。でも、おろせるようになると、たくさんのいいことがあるんです。たとえば……

◎**新鮮な状態で食べられます**
（おろしたてはやっぱりおいしい！）

◎**料理のレパートリーが増えます**
（塩焼きオンリーから卒業！）

◎**あじ以外の魚もおろせるようになります**
（さばだって、鯛だって！）

◎**魚がもっと好きになります**
（大切に食べようという気持ちになる！）

◎**達成感があります**
（ちょっと鼻が高くなるし、自己肯定感もアップ！）

◎**釣りが楽しくなります**
（釣った魚がおろせたら、格好いいじゃない？）

◎**無人島に漂着しても生きていける…かも**
（生き抜く力になる！）

どうですか、自分でおろしてみようという気持ちになりませんか？　はじめはうまくできなくたっていいんです。目の前のあじをおいしく食べてあげられれば、それは失敗ではありません。

おろす前に

部位と骨の名称

魚をおろすときに、しばしば部位や骨の名称が出てきます。わからなくなったら、このページに戻って確認しましょう。

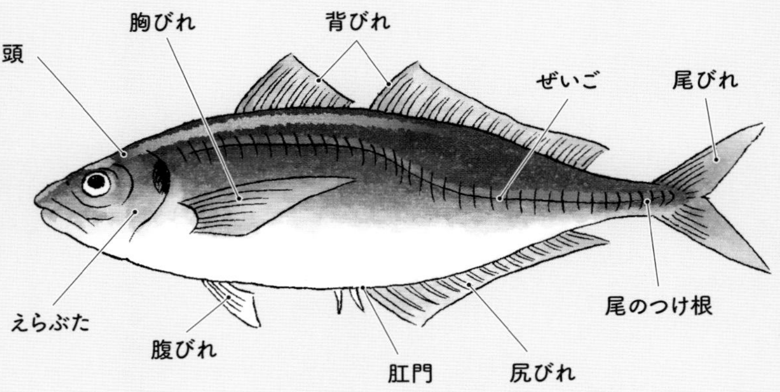

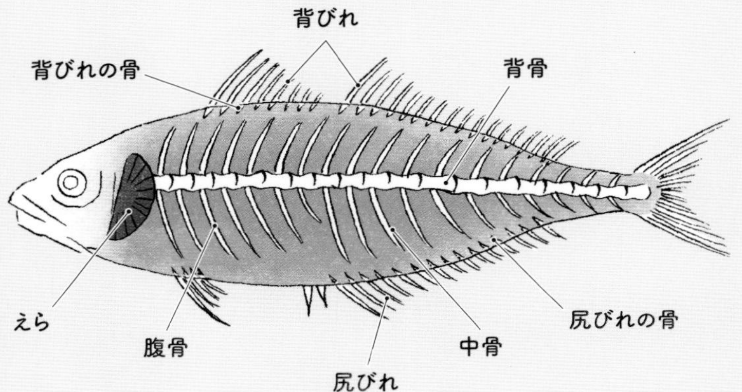

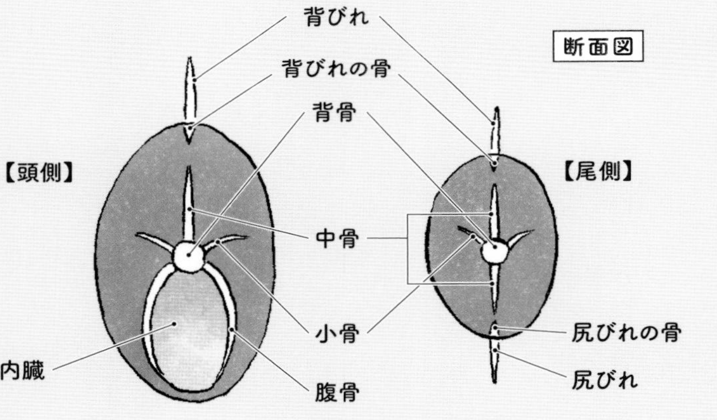

おろす前に
道具の準備

魚をおろしてから慌てないように、必要な道具は先に準備しておきましょう。

スコッティの「洗って使えるペーパータオル」は、洗う・しぼるを繰り返してもやぶれない便利アイテム。まな板を清潔に保ったら、最後は雑巾として使いきります。

ふきん

うろこや内臓、血などで汚れたまな板をさっとふけるように、ぬれぶきんをそばにおいておきます。

バット

おろした半身をいったんおいておける場所に。あじを洗うためにシンクに移動させるときもバットや皿があるとスムーズ。汚れ防止にキッチンペーパーを敷いておいても。

まな板と配置

清潔なまな板を用意し、まな板シートを敷いて魚をのせ、包丁をセット。バットやまな板をふくためのぬれぶきんもそばにおきます。包丁についたうろこをさっとふくために、ぬらしたキッチンペーパーをまな板の利き手側手前においておくと便利です。

包丁

ふだん使っている三徳包丁や牛刀でOKです。ペティナイフでも大丈夫。刃がよく切れることが大事。

まな板

まな板が乾燥していると汚れが落ちにくくなるので、水でさっとぬらして水けをふいてから使います。汚れたらぬれぶきんでさっとふいて、つねに清潔に。

まな板シート

魚のうろこ、頭、内臓を取るまではまな板の上にまな板シートや新聞紙などを敷いておきます。まな板が汚れず、いらない部分をそのまま包んで捨てられます。

これも用意しよう

骨抜き

小骨を引き抜くときに使います。

キッチンペーパー

洗った魚をふいたり、下ごしらえした魚を冷蔵庫で保存するなど、出番の多い道具です。

おろす前に

包丁の持ち方と立ち方

魚がきれいにおろせます。包丁を正しく持ち、正しい位置に立つことで、

包丁の持ち方と名称

包丁の柄を手のひらで包むようにしっかりと持ち、人差し指を包丁の背（みね）にのせます。人差し指の動きが包丁の刃全体に伝わり、正確に切れます。

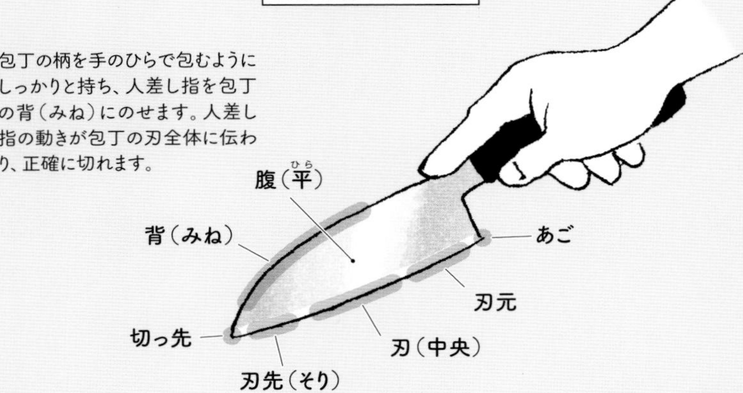

立ち方

体の利き手側を少し引いて、斜めに立ちます。斜めに構えると、包丁を動かすときに腕が体にぶつからず、前後に大きく動かせます。

まな板との距離

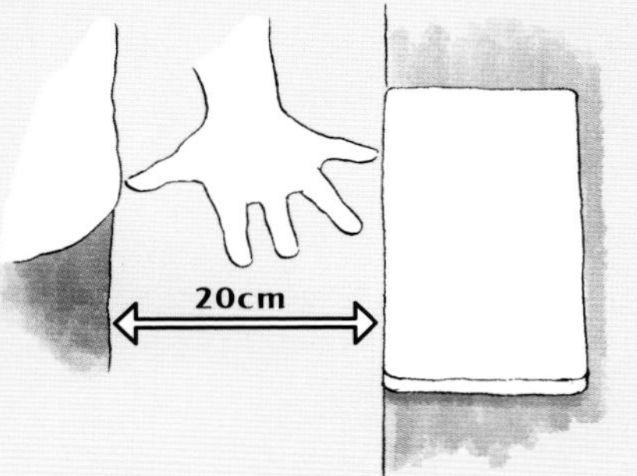

魚をおろすときは、まな板の手前、利き手側に魚をおきます。このとき、まな板と体の間を20cmほど開けると（広げた手のひらひとつ分程度）、包丁を入れやすくなります。

左利きの人は、

- **●道具のおき方**
- **●包丁の持ち方と立ち方**

このあと始まる

- **●三枚おろしのあじの向き**

これらの左右をすべて逆にします。

（P72、P102の下ごしらえも適宜逆にする）

さあ、始めましょう！

うろこを取る

スーパーや鮮魚店に並んでいるあじは、一般的にはうろこが少なめ。あまり神経質にならず、カリカリと優しくこすり取ればOK。

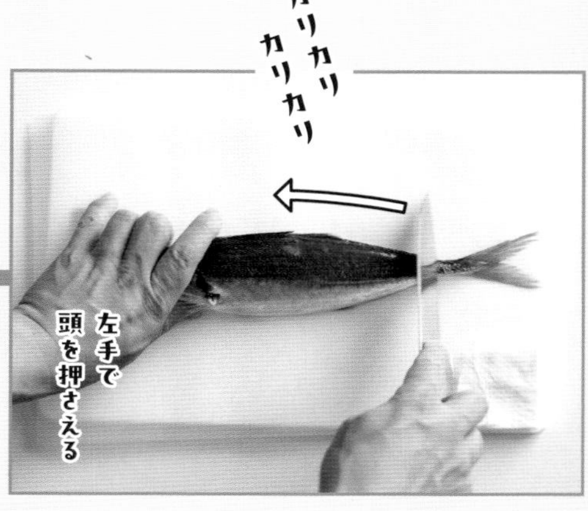

尾のつけ根に包丁の刃を当て、頭のほうに動かしてうろこを取る。

片面のうろこを取ったら、ぬらしたキッチンペーパーで包丁についたうろこをすぐにふき取る。

背のうろこは、あじの背が上になるように身を起こすと取りやすい。

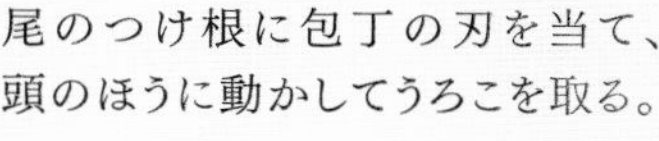

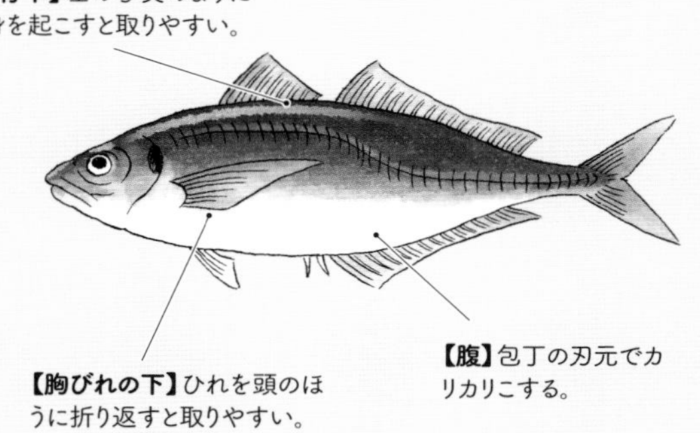

ぜいごを取る

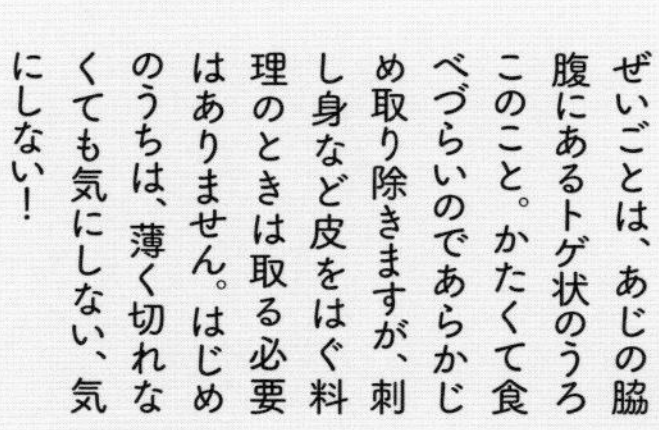

ぜいごとは、あじの脇腹にあるトゲ状のうろこのこと。かたくて食べづらいのであらかじめ取り除きますが、刺し身など皮をはぐ料理のときは取る必要はありません。はじめのうちは、薄く切れなくても気にしない、気にしない！

触って痛い部分まで取れたら切り取る。頭に近いほうはやわらかいので、取らなくても大丈夫。同様に裏側も取る。

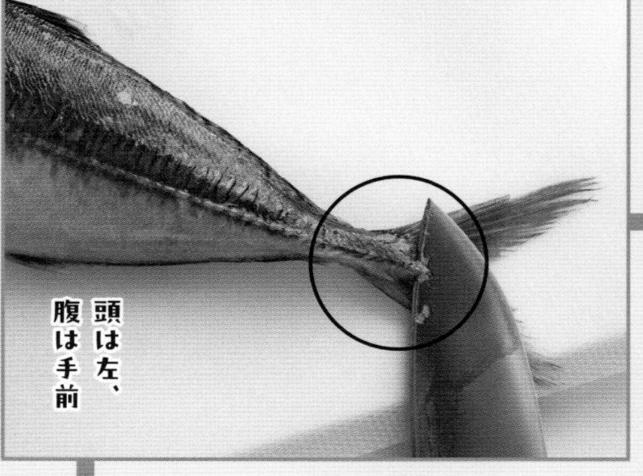

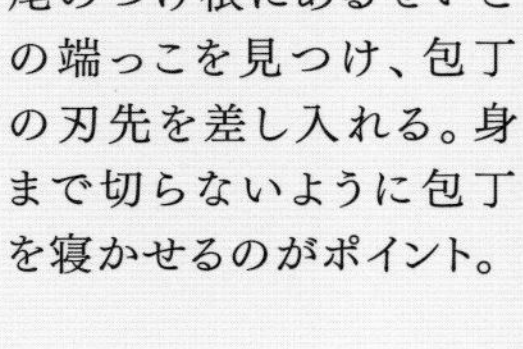

尾のつけ根にあるぜいごの端っこを見つけ、包丁の刃先を差し入れる。身まで切らないように包丁を寝かせるのがポイント。

包丁を小刻みに前後に動かしながら、少しずつ切り進める。左手は包丁のそばに。

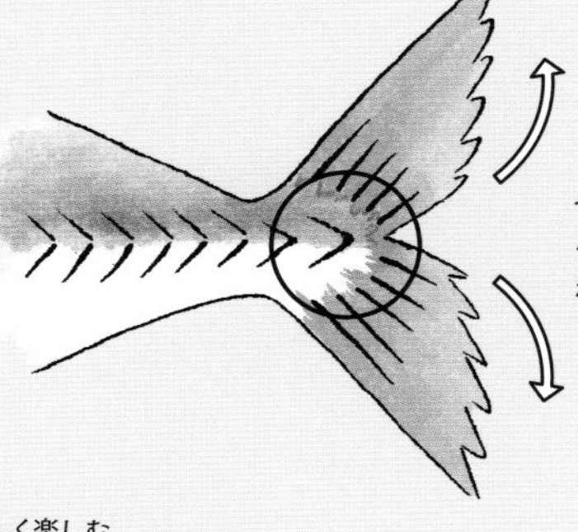

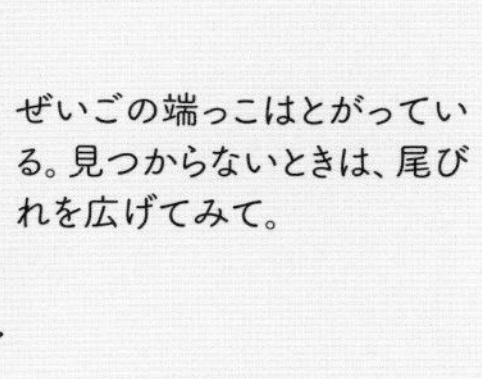

ぜいごの端っこはとがっている。見つからないときは、尾びれを広げてみて。

頭を落とす

小さめのあじなら片側に包丁を入れるだけで頭を切り落とせますが、大きい場合は、両側に切り込みを入れてから背骨を切り落とすほうが、うまくいきます。

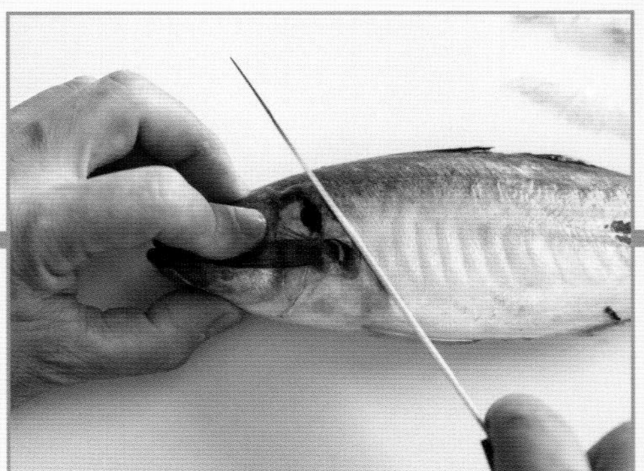

頭を左、腹を手前にしておき、左手で頭を押さえる。胸びれを頭のほうに折り返し、胸びれの後ろと腹びれの脇を通るように包丁を入れて斜めに切り落とす。

片側で一気に切れなければ、裏側にも同じように包丁を入れて切り落とす。頭には胸びれと腹びれがくっついた状態に。

内臓を取る

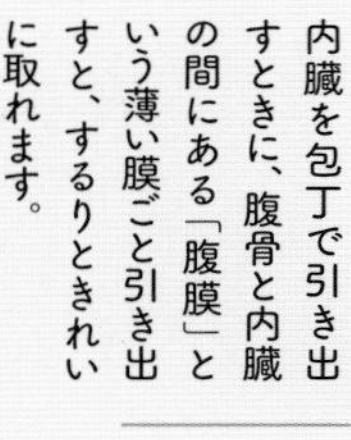

内臓を包丁で引き出すときに、腹骨と内臓の間にある「腹膜」という薄い膜ごと引き出すと、するりときれいに取れます。

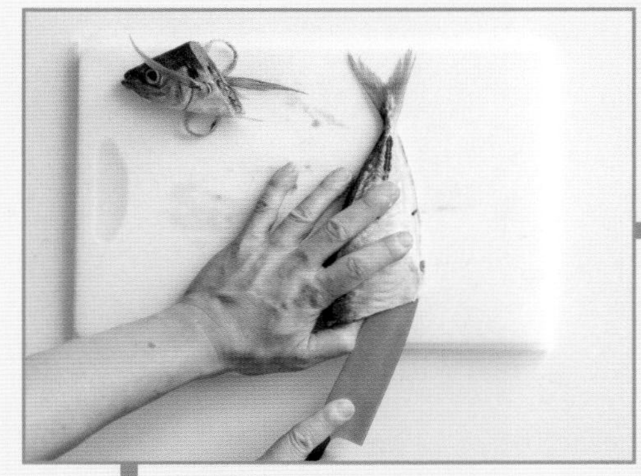

頭側を手前、腹を右にして縦におく。頭を落としたところから包丁の刃が腹を向くようにして入れ、腹の皮を切るように肛門まで切り開く。

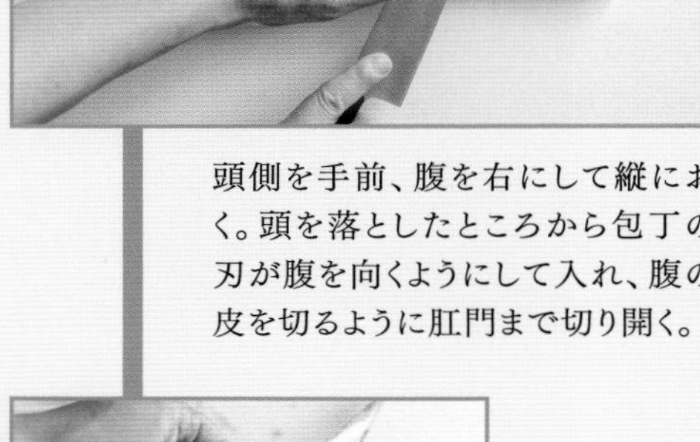

包丁を持ちかえて、腹の中に包丁を入れ、腹骨のカーブに沿って包丁を動かし、内臓をはがす。

内臓を包丁で外に引き出す。腹の中に内臓が残っていたら、包丁の切っ先で背骨をカリカリこするようにして取り除く。

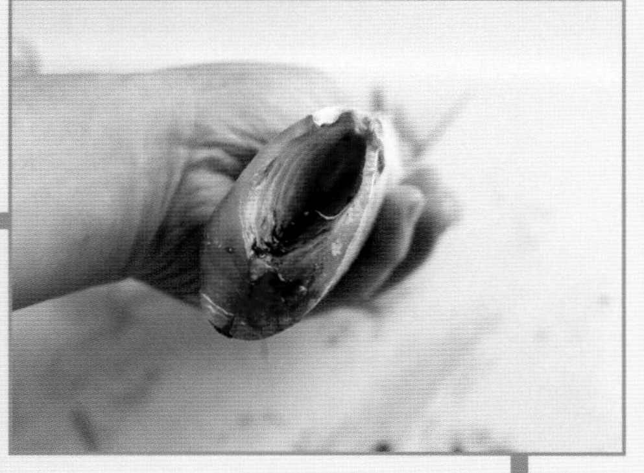

腹の中の内臓が取れた状態。

洗う

魚は真水が大の苦手。水に触れる時間が長くなるほど、身が水を吸収して生臭さの原因となるドリップ（赤い液体）になります。味も落ちてしまうので、短時間で洗うことを心がけて。

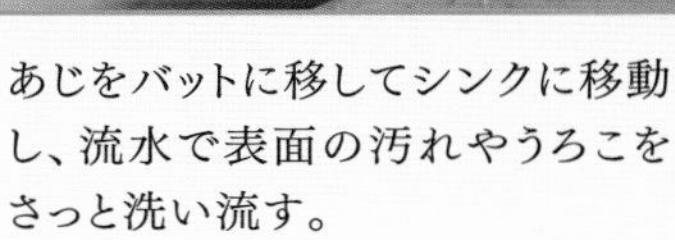

あじをバットに移してシンクに移動し、流水で表面の汚れやうろこをさっと洗い流す。

続いて腹の中を流水でさっと洗い流す。表面から腹の中まで流水にさらす時間はわずか3～4秒！

身の断面に注目！　流水で洗いすぎると左のあじのように身が白っぽく変色する。

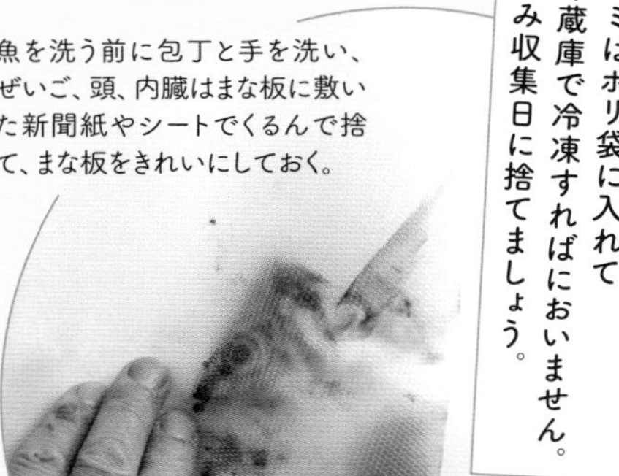

魚を洗う前に包丁と手を洗い、ぜいご、頭、内臓はまな板に敷いた新聞紙やシートでくるんで捨て、まな板をきれいにしておく。

ゴミはポリ袋に入れて冷蔵庫で冷凍すればにおいません。ごみ収集日に捨てましょう。

三枚おろしに
チャレンジ

あじを洗ったら、水けをすぐにふき取ることも大事。あじを買った当日に料理をしない場合でも、ここまではやっておきましょう。2、3日はおいしく食べられます。

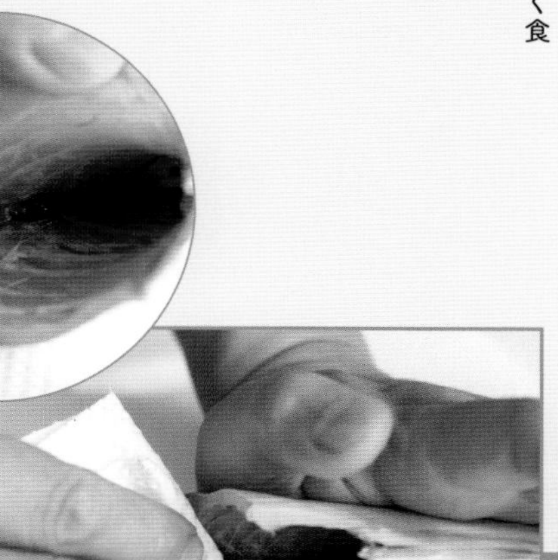

まな板にキッチンペーパーを敷き、あじをのせて全体を包んで水けをふく。別のキッチンペーパーを折りたたみ、頭から尾に向かって表面の水分をふき取る。

続いて腹の中の水けも折りたたんだキッチンペーパーでしっかりふく。臭みの原因となる内臓や血が残っていたらきれいにふき取る。

下処理完了

保存するときは

キッチンペーパーでくるんでラップで包み、ポリ袋やジッパーつきの保存袋に入れる。冷蔵で2〜3日保存できる。

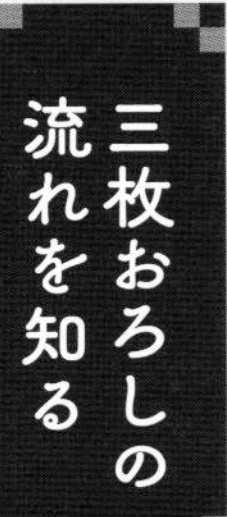

三枚おろしの流れを知る

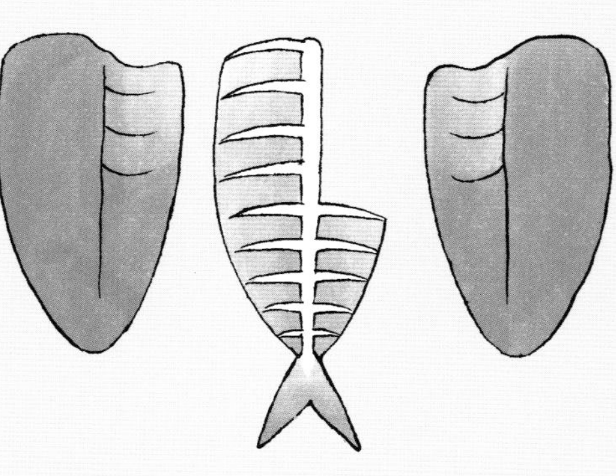

三枚おろしって？

身2枚、骨1枚に切り分けること。三枚おろしには、骨から身を一気にざーっと切り取る「大名おろし」というおろし方があります。骨に身が残るぜいたくな切り方なので、大名という名がついています。でも、それではもったいないので、ここでは、骨に身が残らないように、腹側の身と背側の身を中骨から切り離したあと、背骨から切り取る方法を教えます。

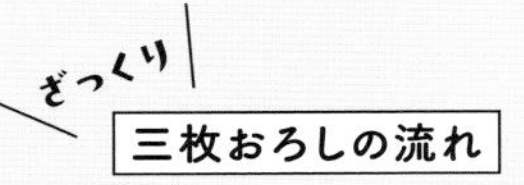

三枚おろしの流れ

腹側を切り離す

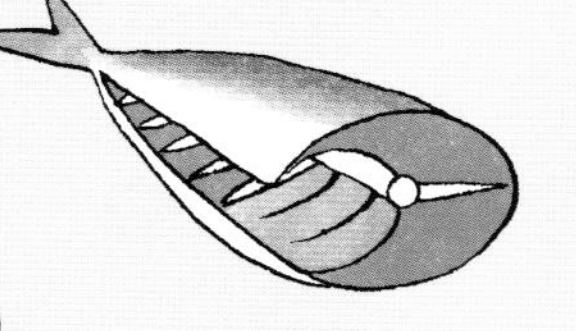

背側を切り離す

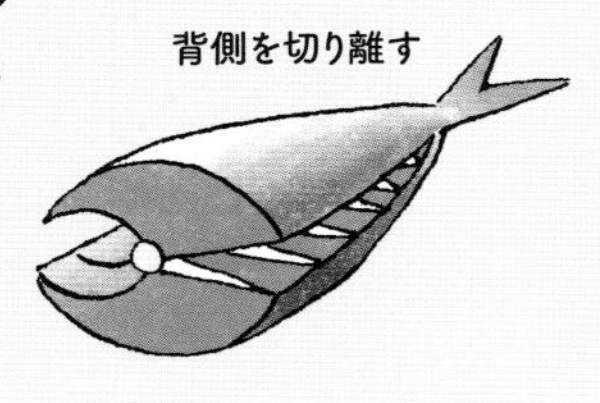

背骨から身を切り取る

もう片面も背と腹を切り離す

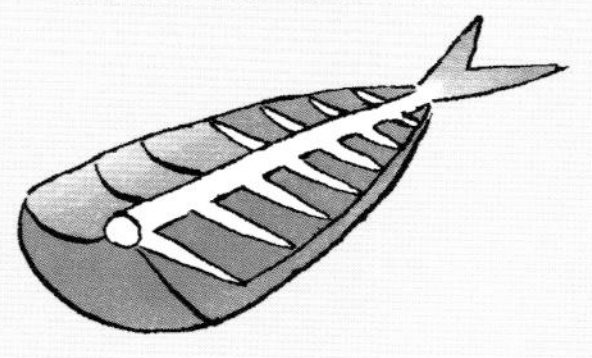

背骨から身を切り取る

3枚になりました！

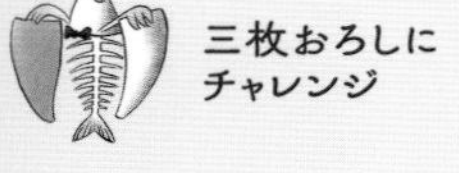

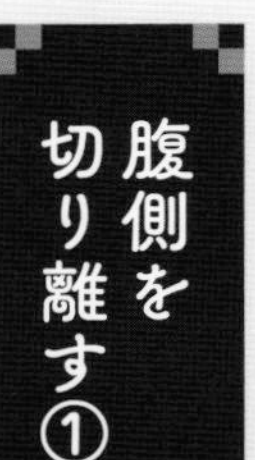

腹側を切り離す①

腹側の身を中骨から切り離します。きれいに切り離すためには、中骨の位置を見つけることが大切。そのために、まずは包丁が入る切り込み＝ガイドラインを作っておきます。

頭側が右、腹が手前になるようにおき、左手であじを軽く押さえる。尻びれの頭側のつけ根に包丁の刃先を当てたら、いったん前に押し出すように動かす。すると、かたいものに当たって止まる。

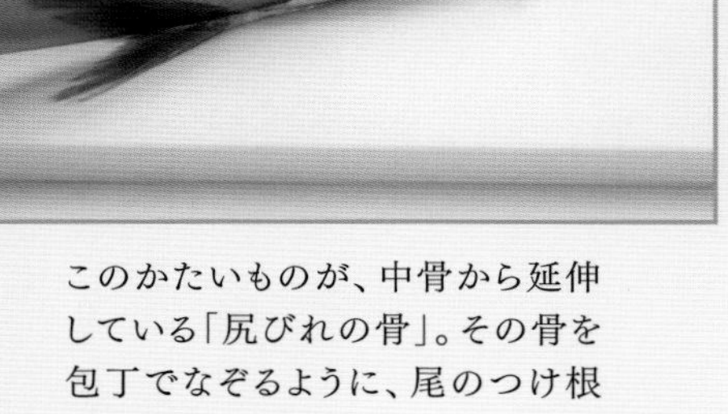

このかたいものが、中骨から延伸している「尻びれの骨」。その骨を包丁でなぞるように、尾のつけ根まで包丁を引く。

ガイドラインを作る場所

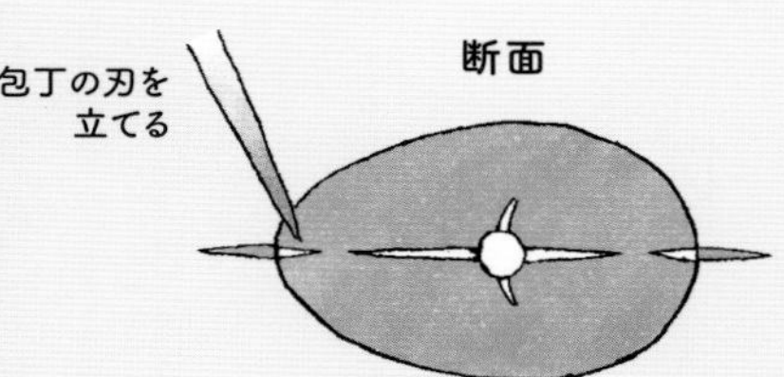

尻びれの頭側のつけ根から尾のつけ根まで、尻びれの骨の上に切り込みを入れます。

腹側を切り離す②

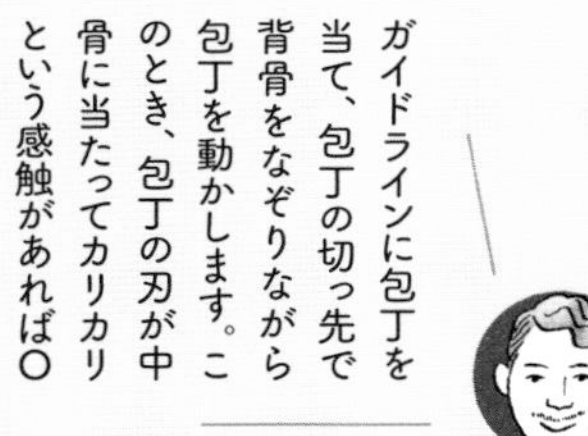

ガイドラインに包丁を当て、包丁の切っ先で背骨をなぞりながら包丁を動かします。このとき、包丁の刃が中骨に当たってカリカリという感触があればOKです。

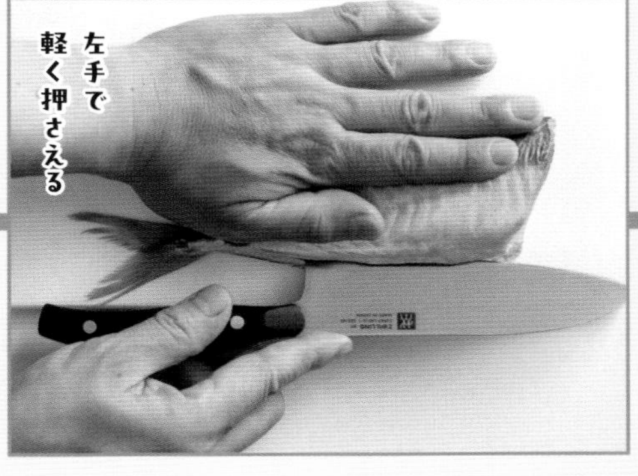

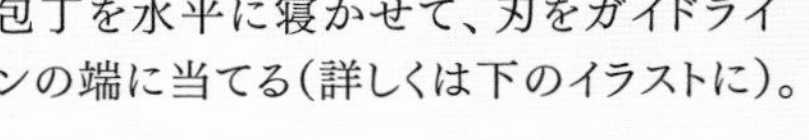

包丁を水平に寝かせて、刃をガイドラインの端に当てる(詳しくは下のイラストに)。

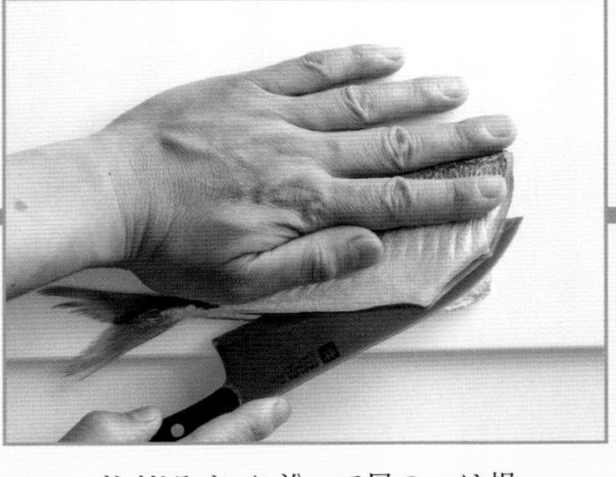

ガイドラインに沿って尾のつけ根のほうへ包丁を進める(詳しくは下のイラストに)。

お腹の中はこんな感じです

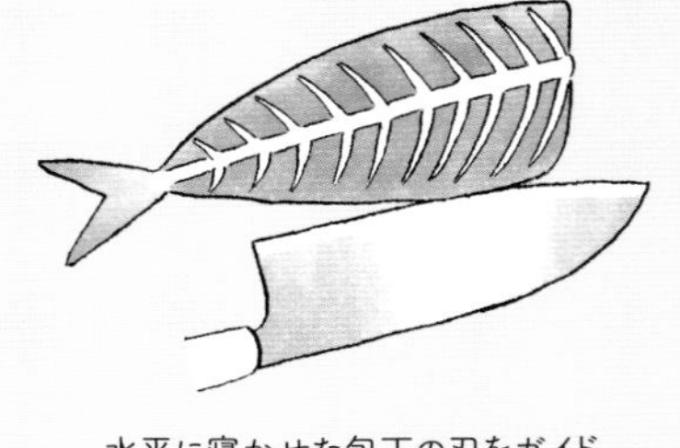

水平に寝かせた包丁の刃をガイドラインの端に当てて切り進めます。

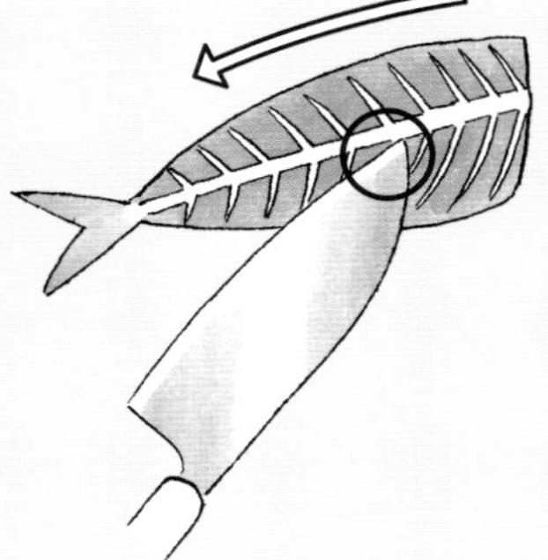

矢印のように包丁の角度を変え、切っ先が背骨に当たったら、そのままカリカリと沿わせながら尾のつけ根まで切り進めます。このとき、包丁の刃はつねに中骨の上にぴったりのっている状態。

よくある困りごと

中骨の下に包丁がもぐり込む

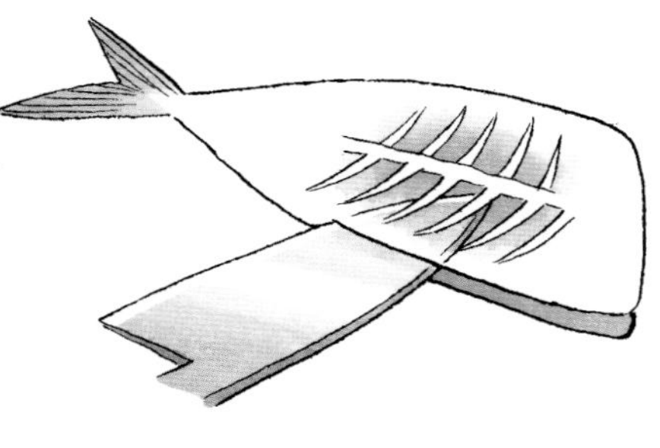

この状態だと、どんなにがんばっても身を中骨から切り離すことは不可能です。原因は包丁の角度。包丁が水平に寝ておらず、刃が斜めになっている場合が多いです。そんなときはいったん包丁を抜いて、もう一度ガイドラインに合わせて、包丁を寝かせて当ててみましょう。

中骨に身がたくさん残っている

原因は、中骨から身を切り離すときに、包丁の刃が中骨に当たっておらず、中骨から包丁が離れた状態で切り進めているから。これはおろしてから気がつくので、残念ながらリカバリーはできません。ですが、骨に残った身はスプーンなどですいて、なめろうに混ぜるなどすれば食べられます。

背側を切り離す

背側も腹側と同じように背びれの骨の上にガイドラインを作り、包丁を水平に寝かせて背側の身を中骨から切り離します。

＼ 横から見るとこんな感じ！ ／

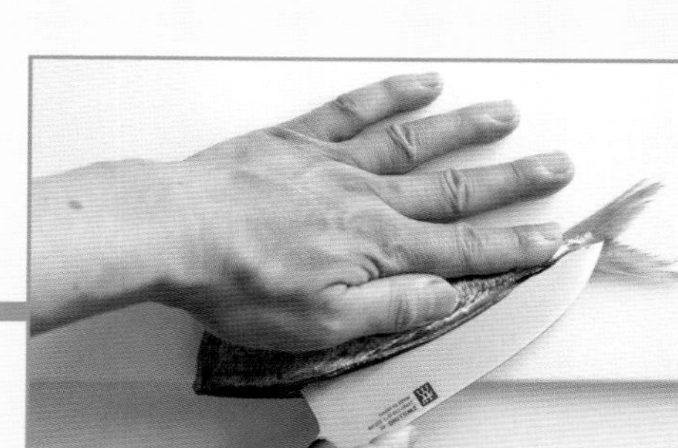

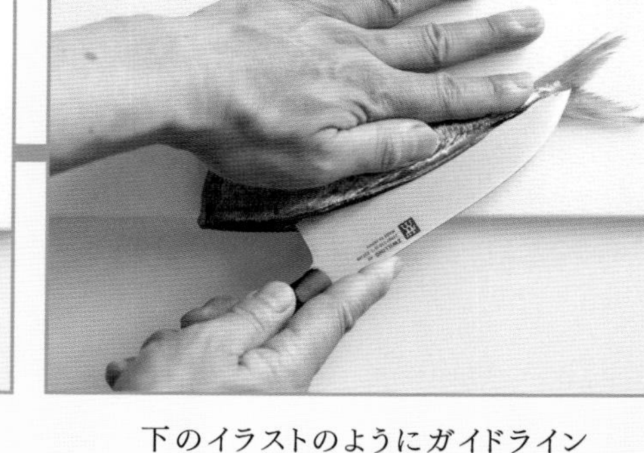

下のイラストのようにガイドラインを作り、包丁を水平に寝かせて刃をガイドラインの端に当てる。

ガイドラインに沿って尾のつけ根から頭の断面のほうへ包丁を進める。このとき、包丁の切っ先は背骨に沿わせ、包丁の刃は中骨の上をカリカリと滑らせるように切り進める。

ガイドラインを作る場所

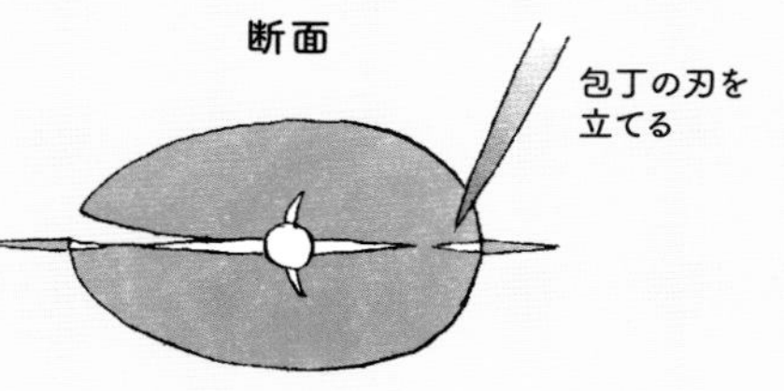

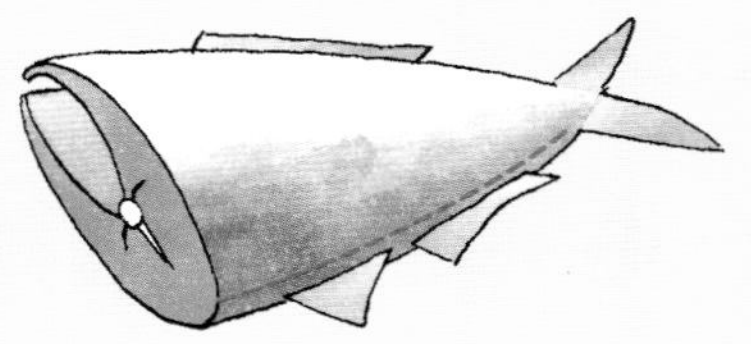

尾のつけ根から頭の断面に向かって、背びれの骨の上に切り込みを入れます。

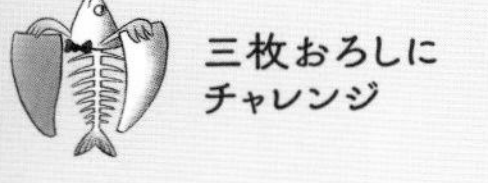

三枚おろしに
チャレンジ

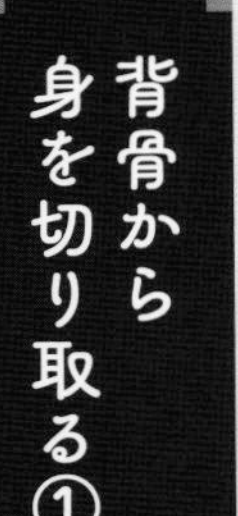

背骨から身を切り取る①

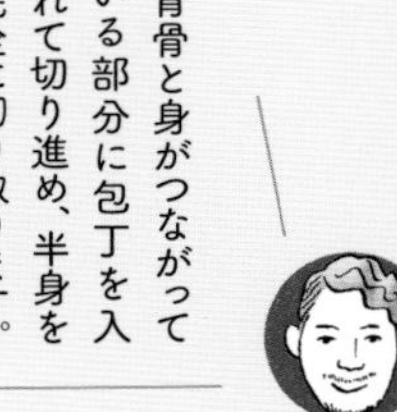

背骨と身がつながっている部分に包丁を入れて切り進め、半身を完全に切り取ります。

包丁の刃を尾のほうに向け、尾のつけ根の手前に差し込み、貫通させる。ただし、ここではまだ身を尾から切り離さない。

包丁の刃の向きを頭のほうにくるっと変える（包丁を抜き取って、向きを変えてもOK）。

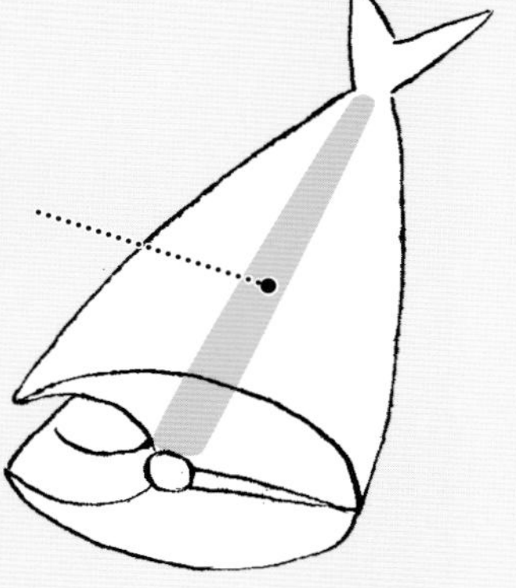

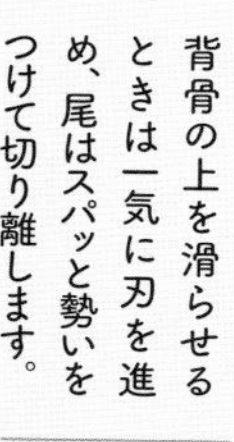

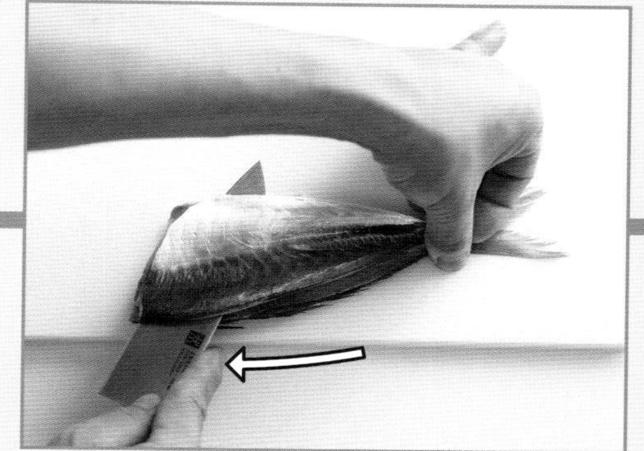

左手で尾を押さえながら、包丁を背骨の上を滑らせるようにして一気に切り進める。

最後につながっていた尾のつけ根を包丁で切り離す。

二枚おろしの完成

背骨がついていない身とついている身の2枚の状態が「二枚おろし」。このあと、背骨がついている身をさらに切り取ります。

次ページからもう片面をおろします！

よくできました！

背側を切り離す

＼ 身をぴたっとまな板につけると切りやすい！ ／

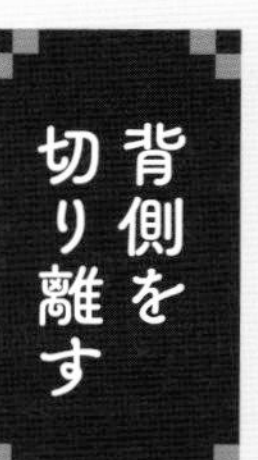

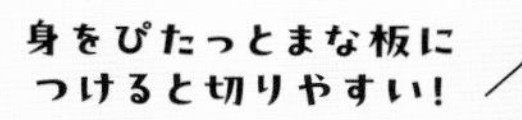

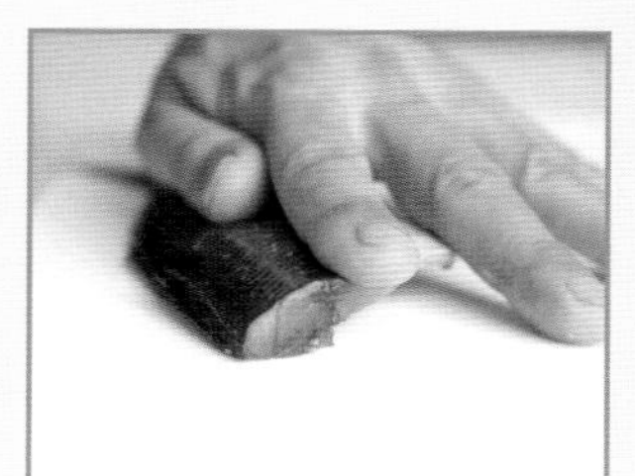

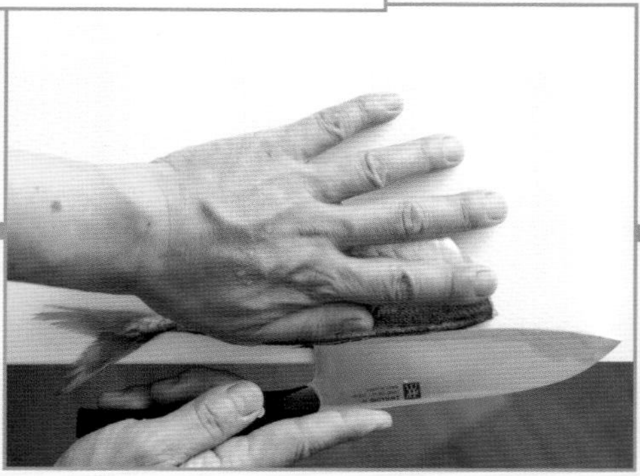

頭側が右、背が手前になるようにおき、左手であじを軽く押さえる。下のイラストのようにガイドラインを作り、包丁を水平に寝かせて刃をガイドラインの端に当てる。

＼ 横から見るとこんな感じ！ ／

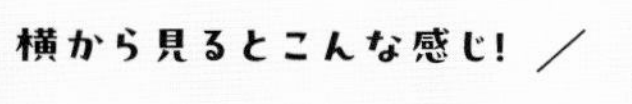

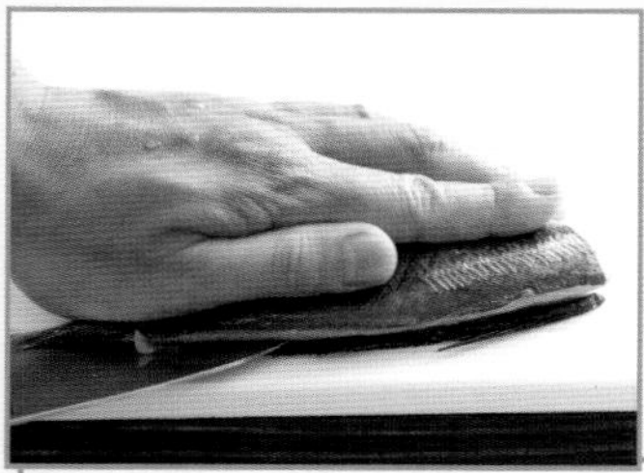

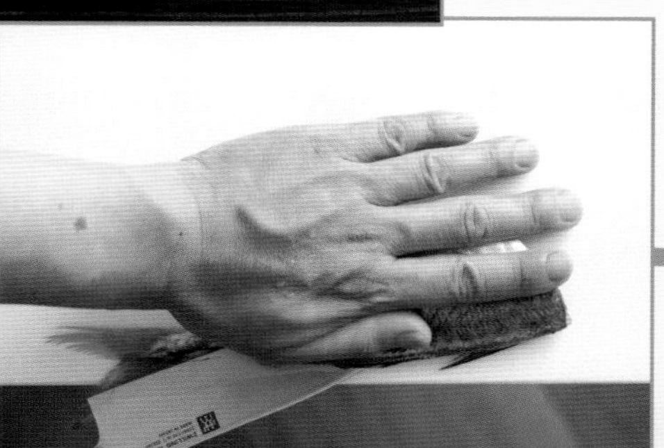

ガイドラインに沿って尾のつけ根のほうへ包丁を進める。このとき、包丁の切っ先は背骨に沿わせ、包丁の刃は中骨の上をカリカリと滑らせるように切り進める。

ガイドラインを作る場所

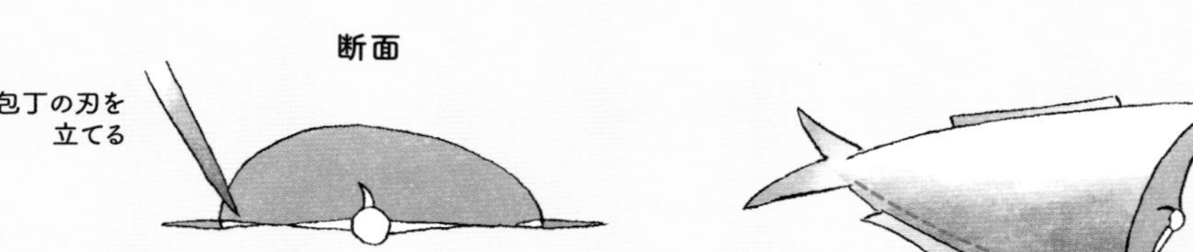

頭の断面から尾のつけ根に向かって、背びれの骨の上に切り込みを入れます。

三枚おろしに
チャレンジ

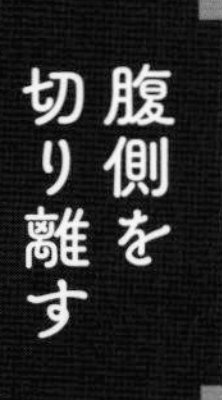

腹側を切り離す

＼ 横から見るとこんな感じ！ ／

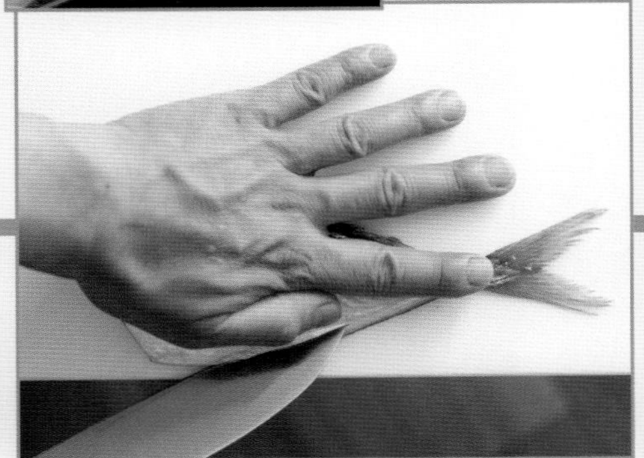

頭側が左、腹が手前になるようにおき、左手であじを軽く押さえる。下のイラストのようにガイドラインを作り、包丁を水平に寝かせて刃をガイドラインの端に当てる。

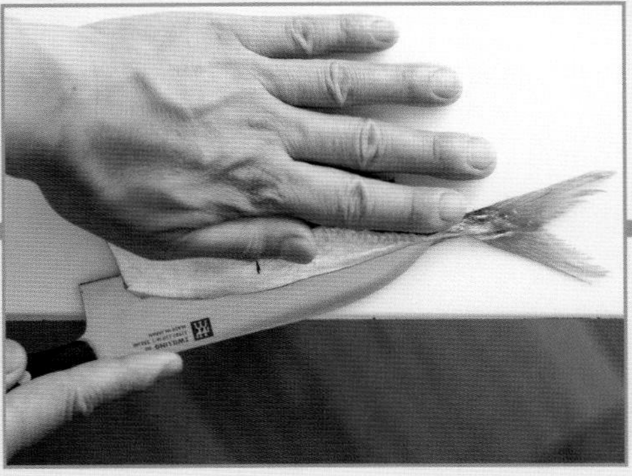

ガイドラインに沿って尾のつけ根から頭の断面のほうへ包丁を進める。このとき、包丁の切っ先は背骨に沿わせ、包丁の刃は中骨の上をカリカリと滑らせるように切り進める。

ガイドラインを作る場所

断面

包丁の刃を
立てる

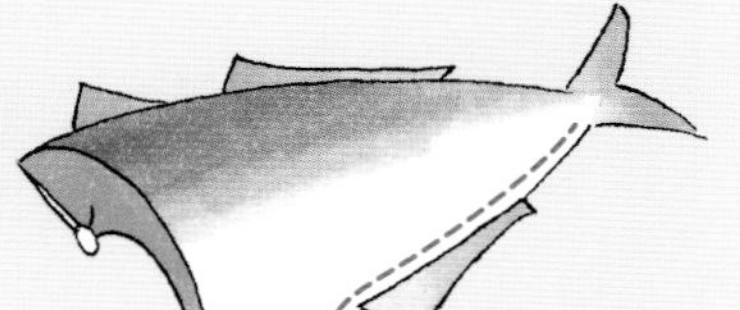

尾のつけ根から尻びれの頭側のつけ根まで、尻びれの骨の上に切り込みを入れます。

背骨から身を切り取る

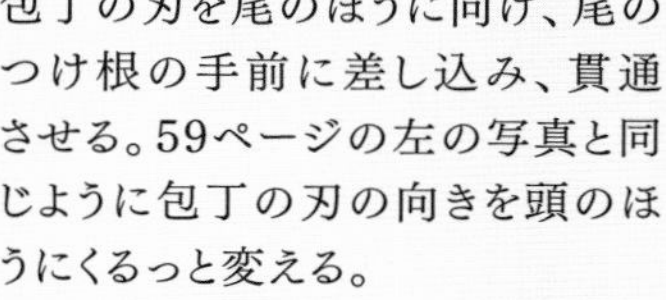

包丁の刃を尾のほうに向け、尾のつけ根の手前に差し込み、貫通させる。59ページの左の写真と同じように包丁の刃の向きを頭のほうにくるっと変える。

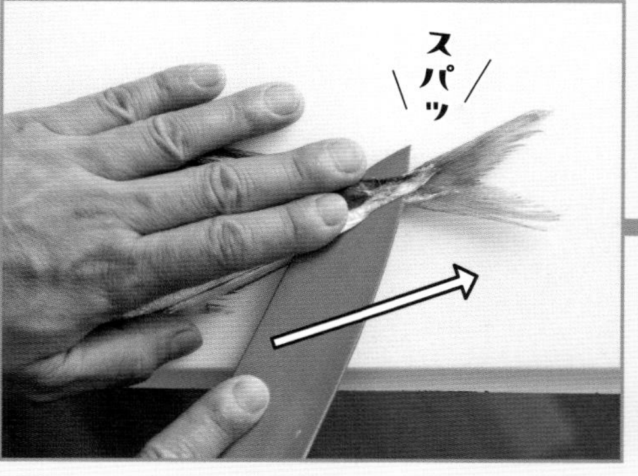

60ページの右の写真と同じように、左手で尾を押さえながら包丁を背骨の上を滑らせるように切り進める。最後に上の写真のようにつながっていた尾のつけ根を包丁で切り離す。

三枚おろしにチャレンジ

三枚おろしの完成

はじめのうちは身がボロボロにくずれたり、中骨に身がたくさん残っていたりと、きれいにおろせないものですが、何回か練習するうちにコツをつかめるようになります。大事なのは、きれいにおろすことよりもおいしく食べること。まな板や包丁を清潔に保ちながら最後までおろせれば「合格」です。

※腹骨・小骨・皮の取り方は、72ページへ。

よくがんばりました!

背骨・中骨は骨せんべいに

揚げ油を160℃に熱し、水けをふいたあじの骨を入れてカリッとするまで7〜8分揚げる。油をきって塩をパラリとふる。

なめろうは七難隠す

なめろうとは、漁師が獲れたての魚を船で食べるために考えた千葉県の郷土料理です。調味料にみそを使うのは、しょうゆだと船が揺れてこぼれやすいから。「皿をなめるほどうまい」ことに由来するこの料理は、三枚おろしがうまくできなかったときの救世主でもあります。身がボロボロになっても、皮が上手にはがれなくても、包丁でたたけば問題なし。定番以外にも、ユッケ風やタルタル風などアレンジしやすいのも心強い料理です。

長ねぎ、しょうが、しそだけではありません。トマトもナッツもオリーブだって、なめろうの良き友に！

基本のなめろう

2人分

あじ（刺し身用・三枚におろしたもの）……2尾分
みそ……大さじ1
しょうが（みじん切り）……小さじ2
長ねぎ（みじん切り）……1/3本分
青じそ（せん切り）……2枚分

①あじは腹骨、小骨、皮を取る。これをザクザク切る。

②①のあじを包丁でトントンたたき、細かく切る。

③みそ、しょうが、長ねぎをのせてトントンたたきながら混ぜる。

④全体を包丁の腹で平らに整え、さらにたたいて混ぜる。全体が混ざったら器に盛り、青じそをのせる。

ユッケ風なめろう

◎コチュジャンで韓国風味に。のりで巻くのもオツな味

2人分

あじ（刺し身用・三枚におろしたもの）…… 2尾分

A
- コチュジャン …… 大さじ½
- ごま油 …… 小さじ1
- しょうゆ …… 少々
- にんにく（みじん切り）…… 小さじ½
- しょうが（みじん切り）…… 小さじ1

小ねぎ（小口切り）…… 2本分

卵黄 …… 1個分

① あじは腹骨、小骨、皮を取る。ザクザク切り、包丁でたたいて細かく切る。

② ①にAを加え、包丁でたたきながら混ぜる。

③ ②に小ねぎを加えて混ぜる。全体が混ざったら器に盛り、卵黄をのせる。

クリームチーズなめろう

◎ピーマンの苦味とパリパリ食感がなめろうの良き相棒に

2人分

あじ（刺し身用・三枚におろしたもの）…… 2尾分

ピーマン …… 2個

A
- クリームチーズ …… 50g
- しょうゆ …… 小さじ1½

塩 …… 少々

ミックスナッツ（粗みじん切り）…… 大さじ1

① あじは腹骨、小骨、皮を取る。ザクザク切り、包丁でたたいて細かく切る。

② ①にAを加え、包丁でたたきながら混ぜる。

③ ピーマンは種を取って縦半分に切り、塩をふる。②をのせ、ミックスナッツを散らす。

タルタル風なめろう

◎白ワインを誘う味。バゲットやクラッカーにのせても

2人分

あじ（刺し身用・三枚におろしたもの）……… 2尾分

A
- トマト（種を取り、粗みじん切り）……… ½個分
- 玉ねぎ（みじん切り）……… 大さじ2
- 黒オリーブ（薄切り）……… 大さじ1
- ケイパー（あれば）……… 小さじ1
- パセリ（みじん切り）……… 少々
- 粒マスタード……… 小さじ1
- 塩……… 少々

オリーブオイル……… 適量

① あじは腹骨、小骨、皮を取る。ザクザク切り、包丁でたたいて細かく切る。

② ①にAを加え、包丁でたたきながら混ぜる。

③ 器に②を盛り、オリーブオイルをかける。

なめろうを焼いて…
さんが焼き

基本のなめろうをひと口大に丸めて平らにし、ごま油を熱したフライパンで表面をこんがりと焼くだけ。青じそに包んで食べると、おつまみに最高（ご飯にも！）。

あじの晩酌

とびっきり新鮮なあじが4尾、手に入った。今夜はあじの刺し身で一杯。……な〜んて意気込んだものの、三枚おろしがどれも「へなちょこ」なできばえに。だったら、半分はたたいてなめろうに、残る2尾は南蛮漬けにしよう。ついでに骨も揚げてせんべいに。ゆでたらに卵黄を落としたおひたしは、いい箸休めになりそうだ。酒は日本酒、ぬる燗に決まり。なめろうをひと口つまんだところへ、温かいのをくいっと。う〜ん、最高！

「あじのバルサミコ南蛮漬け」P34／「あじの骨せんべい」P65／「基本のなめろう」P66

あじの下ごしらえ 3

腹骨・小骨・皮の取り方

内臓を守るように湾曲してついているのが腹骨。両方の身についています。包丁を寝かせて、身ができるだけ残るように薄くそぎ切ります。

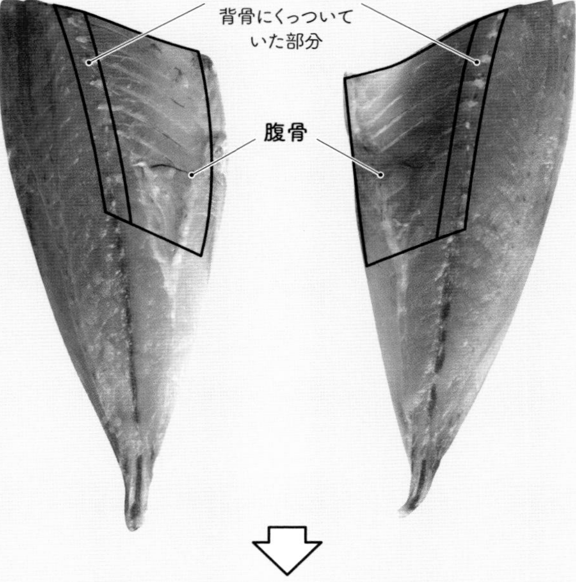

1

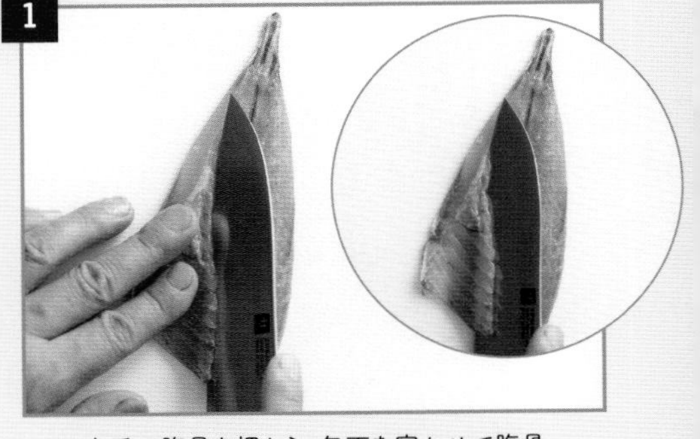

左手で腹骨を押さえ、包丁を寝かせて腹骨のつけ根に差し込んで身から外す。このとき、プチッと切り離れた感触がある。包丁の位置は、右の写真を参考に。

2

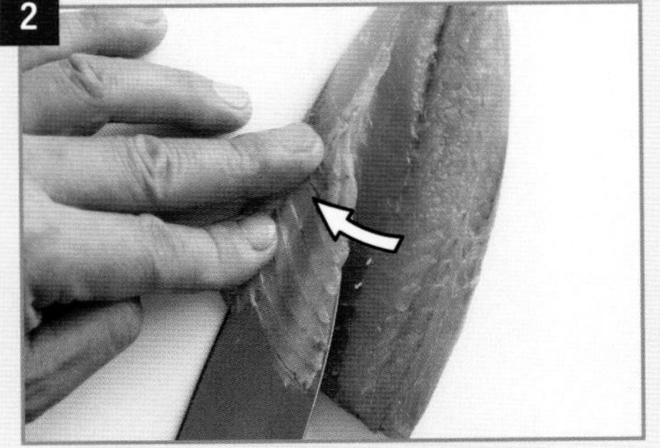

腹骨の曲線に沿わせ、包丁の刃を左に回転させるようにそぎ切る。

3

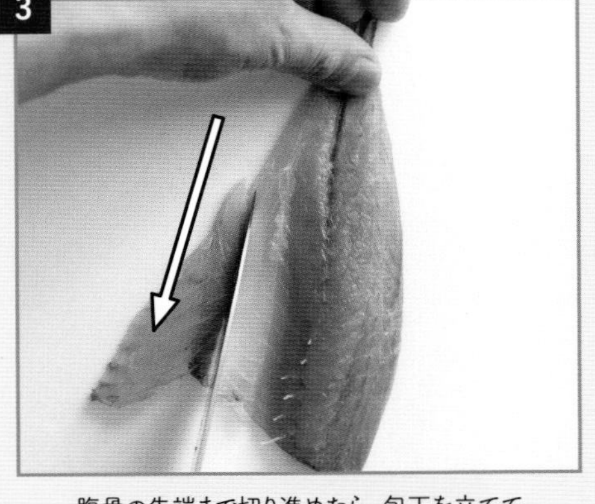

腹骨の先端まで切り進めたら、包丁を立てて引き切る。

4

腹骨をそぎ切った状態。

5

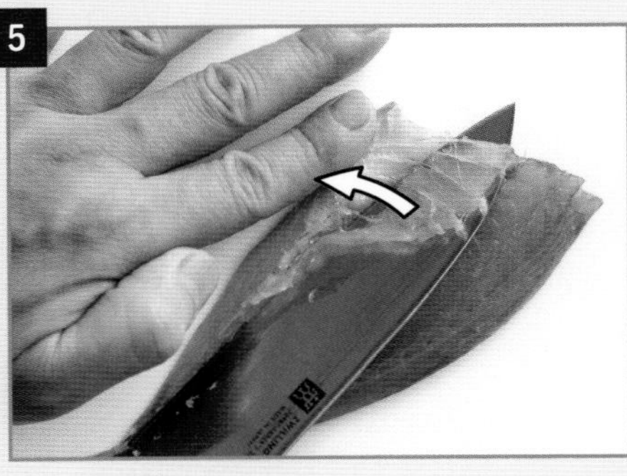

もう1枚も同様にそぎ切る。

小骨を取る

背骨があった位置に沿って頭のほうから肛門辺りまで小骨が残っています。この位置に血合いがあるので、血合い骨とも呼ばれます。あじを刺し身やマリネなど、生で食べるときに取ります。通常は骨抜きで1本ずつ抜き取りますが、なめろうなど身を細かくして食べる場合は、血合いごと切り取ってもかまいません。

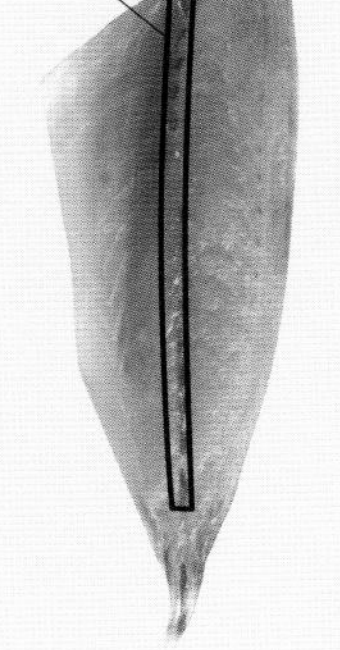

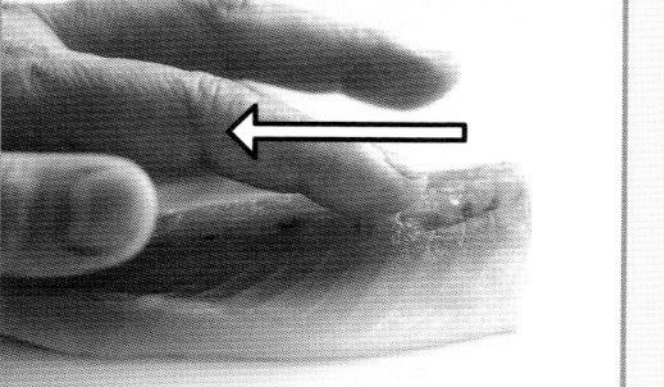

指先で頭のほうから尾に向かってなぞると小骨が当たるので、どこにあるかすぐにわかる。

骨抜きで抜き取る

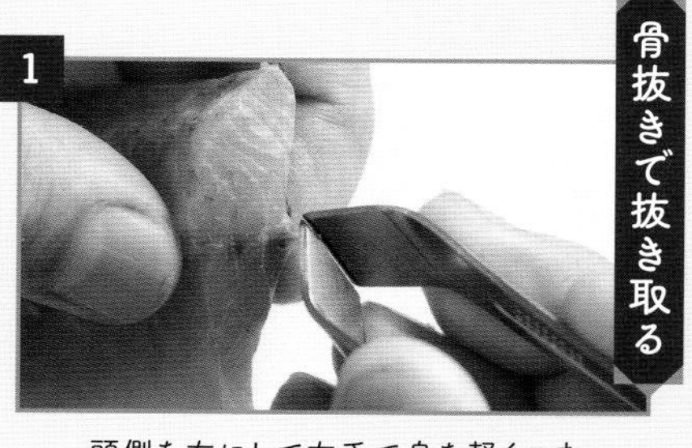

1 頭側を右にして左手で身を軽くつまみ、頭の断面の小骨を抜き取る。

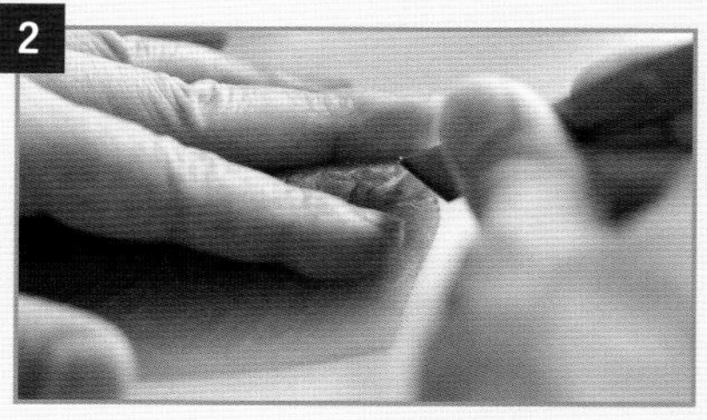

2 あじをまな板において左手で軽く押さえ、頭から尾のほうに向かって1本ずつ指先で小骨をさぐりながら抜き取る。

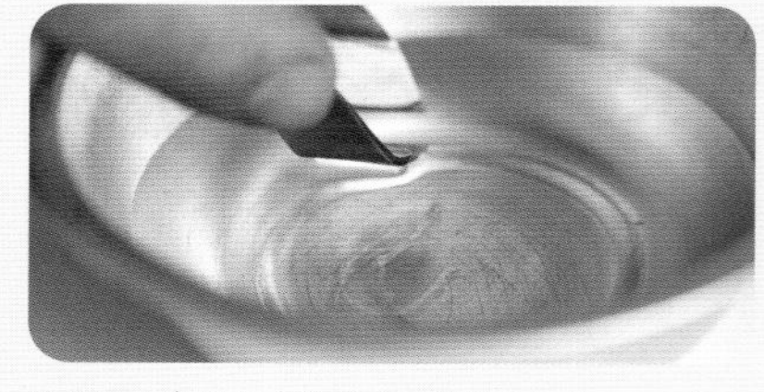

小さめの容器に水を入れ、骨抜きにくっついた小骨を洗い落とす。洗った骨抜きは水けをふいてから使うこと。容器のそばに、折りたたんだキッチンペーパーをおいておくとよい。

包丁で切り取る

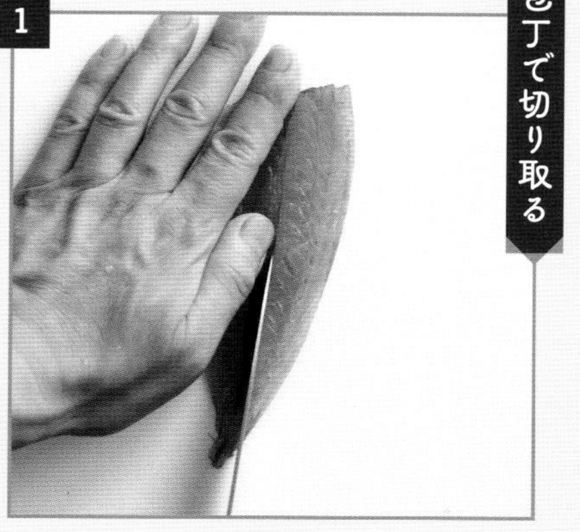

1 頭側を上にして身を縦におき、小骨がある位置をまっすぐに切る。

2 小骨と血合い部分を切り取り、身を背側と腹側に切り分けた状態。

皮を取る

あじを刺し身やマリネなど、生で食べるときに皮を取ります。包丁を使ってうまく取れないときは、指で皮をつまんではぎ取ってもいいですよ。

1

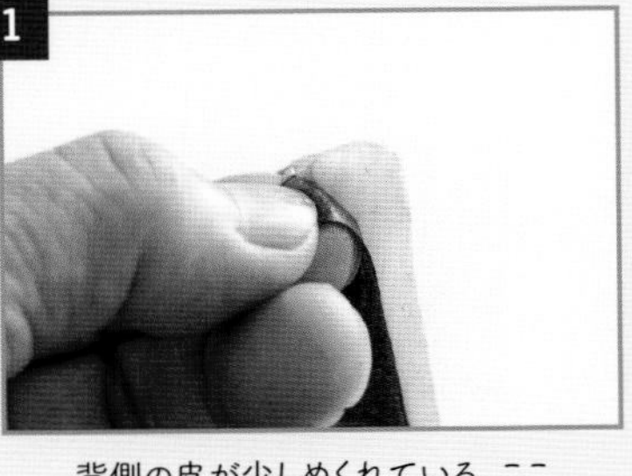

背側の皮が少しめくれている。ここを左手で持つ。

2

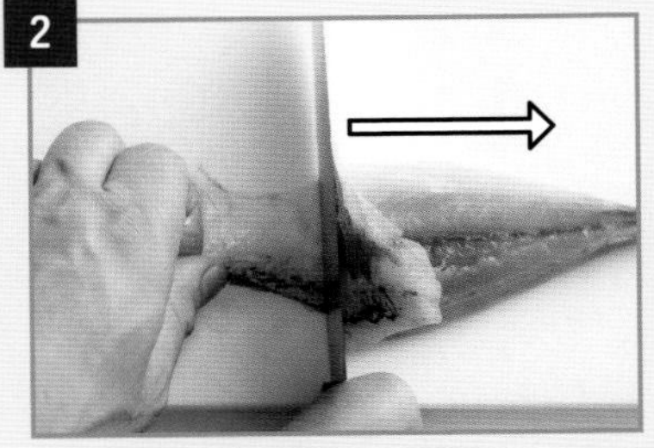

皮を持ったまま頭側が左、皮を下にしてまな板におき、包丁の背の根元を皮と身の間に入れてまな板にぴったり押しつける。皮が動かないように左手でしっかり押さえながら包丁の背を尾のほうに動かし、皮をはがしていく。

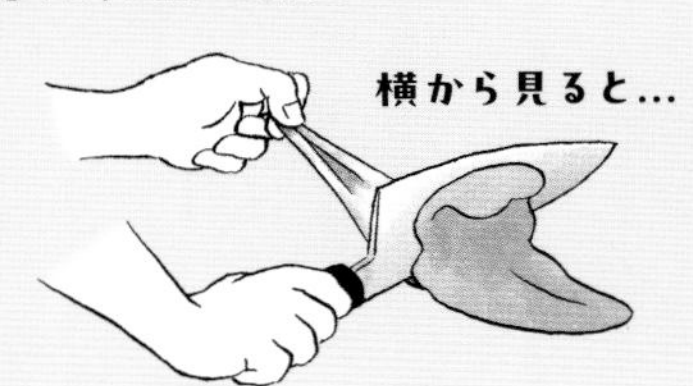

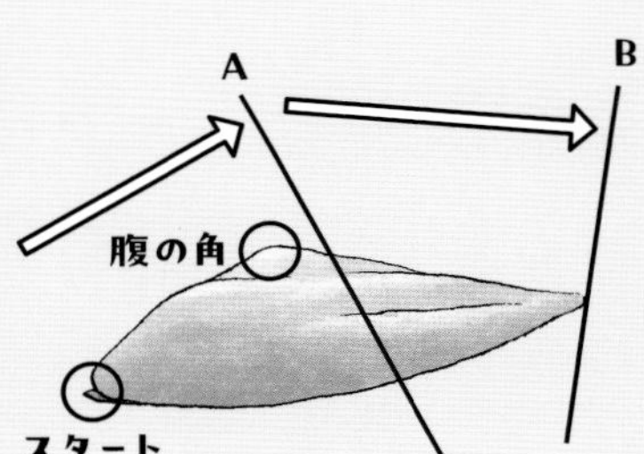

背側の端からスタートし、腹の角に向けて包丁を動かす。Aの斜線の辺りまで皮がしっかりはがれたらBの線のほうに包丁の向きを変え、尾のほうに動かす。一気に取るのではなく、背側の端→腹→尾と「2段階」に動かすときれいに取れる。

3

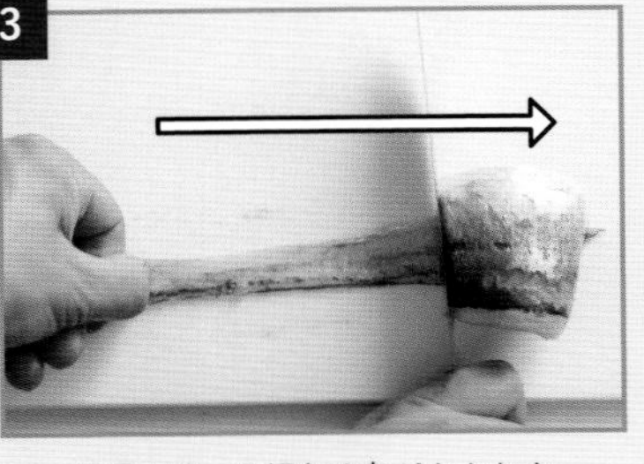

腹骨があった辺りは皮がやぶれやすいので慎重に行ない、尾の近くまではがす（右下の図を参照）。

尾のほうの皮の取り方。皮を上にしてまな板におき、身を右手で押さえ、左手で皮を持って上のほうに向けて引っ張り、一気にはぎ取る。

4

皮を取り除いた状態。ぜいごも一緒に取れている。銀色の薄皮は身に残っていてOK!

◎あじの刺し身を柑橘の果汁で穏やかに締めました。かぼすも一緒に食べて味が完成します

あじのかぼす締め

2人分

あじ（刺し身用・三枚におろしたもの）……1尾分
塩……大さじ1
砂糖……大さじ1
かぼす……1個
青じそ……2枚
オリーブオイル……適量

① あじは腹骨、小骨、皮を取る。塩と砂糖を混ぜ、あじにまぶしてバットに並べ、ラップをして冷蔵室に10分ほどおく。

② かぼすは1/2個分の果汁をしぼり、1/2個分を薄い輪切りにする。青じそは縦半分に切る。

③ ①のあじをさっと洗い、水けをしっかりふき取り、かぼすの果汁をかける。食べやすい大きさのそぎ切りにし、かぼすと青じそとともに器に盛る。オリーブオイルをかける。

酢で締めるより酸っぱくならず、かぼすのさわやかな香りも楽しめます。かぼすがなければ、すだちやマイヤーレモンなど、酸味や苦味が穏やかな柑橘を。あじに塩だけでなく砂糖もまぶすのは、塩辛くなるのをおさえ、魚のうまみをしっかり引き出すため。

◎ペルーを代表する魚介のマリネ、セビーチェ。定番のレモンではなく梅干しで酸味をプラス

あじの梅セビーチェ

2人分

あじ（刺し身用・三枚におろしたもの）…… 2尾分
紫玉ねぎ …… 1/4個
きゅうり …… 1/2本
梅干し …… 2個
A ｜ オリーブオイル …… 大さじ2
　｜ 砂糖 …… 小さじ1
　｜ 青唐辛子（小口切り）…… 1/2本分
　｜ 塩 …… 少々
パクチー …… 適量

① あじは腹骨、小骨、皮を取り、4等分のそぎ切りにする。紫玉ねぎは薄切りにする。きゅうりは縦半分に切り、スプーンで種を取って斜め薄切りにする。梅干しは種を取って粗くたたく。
② Aを混ぜ、①を和える。
③ 器に②を盛り、パクチーを添える。

ふわふわ卵とあじのカナッペ

◎こんがりあぶった皮と、ほぼ生のままのレアな身。あじのふたつのおいしさを同時に堪能

① あじはぜいごを取って三枚におろし、腹骨、小骨を取り、4等分のそぎ切りにする。塩をふってバットに並べ、皮目をバーナーでしっかりあぶる。

② ミニトマトは半分に切って耐熱皿に切り口を上にして並べ、ラップをせずに電子レンジで4分加熱する。

③ Aは泡立て器でしっかり混ぜる。フライパンにバターを中火で溶かし、卵液を流し入れ、強火にしてさっと炒め、半熟になったら火を止める。

④ バゲットに③の卵、②のミニトマト、①のあじをのせ、オリーブオイルをかけてこしょうをふり、あればタイムを飾る。

2~4人分

あじ（刺し身用）……1尾分
塩……ふたつまみ
ミニトマト（へたを取る）……8個
A
- 卵……3個
- 牛乳……½カップ
- マヨネーズ……大さじ2
- 片栗粉……小さじ1
- にんにく（すりおろす）……小さじ½

バター……10g
バゲット（小）……8切れ
オリーブオイル……適量
粗びき黒こしょう……適量
タイム（あれば）……適量

バーナーがないときは、油少々を強火で熱したフライパンで、あじの皮目をさっと焼いて。

◎日本の寿司と韓国ののり巻きのいいとこ取り。日本酒や韓国焼酎のおつまみにも

あじのキンパ

キンパとは、韓国ののり巻きのこと。ふつうは肉や卵を具にしますが、あじの刺し身で作ってみたら大成功。あじにコチュジャンやごま油の風味がよく合います。あじの寿司と韓国のり巻きの、両方のおいしさが一度に味わえます。

のりの裏側を上にして巻きすの上におき、向こう側を2〜3cm残してご飯を薄く平らに広げます。具は手前に。これを芯にして巻くので、きれいに並べましょう。

巻きはじめは思いきって持ち上げます。

きつめにくるっと巻き、のりとご飯が一体化するようにぎゅっと押さえます。

巻いたらすぐに切るのではなく、少しおいてご飯とのりをなじませてから切り分けます。

2〜4人分

あじ（刺し身用・三枚におろしたもの）…… 1尾分

A
- コチュジャン …… 小さじ1½
- しょうゆ …… 小さじ1
- 酢 …… 小さじ½
- 砂糖 …… 少々

ご飯 …… 400g

B
- ごま油 …… 大さじ1
- 酢 …… 大さじ1
- 砂糖 …… 小さじ1
- 塩 …… 小さじ½

きゅうり …… ⅓本
みょうが …… 1個
青じそ …… 6枚
いり白ごま …… 小さじ2
焼きのり（全形）…… 2枚

① あじは腹骨、小骨、皮を取り、7〜8㎜幅に切る。Aを混ぜ、あじを和える。

② Bはよく混ぜ、ご飯と混ぜて冷ます。

③ きゅうり、みょうがはせん切りにしてざっくり混ぜ、白ごまと和える。

④ 巻きすの上にのり1枚をのせ、②のご飯半量をのせ、のりの向こう側2〜3㎝を残して平らに広げる。手前に青じそ3枚を並べ、①のあじと③の半量を横1列にのせ、手前からきつめに巻く。これを2本作る。

⑤ ④を1.5㎝幅に切り、器に盛る。

最高においしいあじフライ

魚フライの王者といえば、あじフライ。大衆食堂や居酒屋で大人気の一品ですが、家庭で上手に揚げるには、五つの大事な掟（おきて）があるのです。お店顔負けの、最高においしいあじフライの作り方、教えます。

2人分

あじ（刺し身用がおすすめ）……2尾
塩……ふたつまみ
乾燥パン粉（粗いもの）……1カップ
乾燥パン粉（細かいもの）……1カップ
バッター液
　小麦粉……120g
　水……150ml
揚げ油
（サラダ油、米油、太白ごま油などクセがないもの）……適量

〈つけ合わせ〉
キャベツ（せん切り）……2枚分
　＋青じそ（せん切り）……3枚分
レモン（くし形切り）……2切れ

一　あじは丸々と太ったものを選ぶべし

おいしいあじフライを作るには、新鮮で丸々太ったあじを選ぶことが大事。状態のよいあじと目があったら連れて帰り、その日のうちに迷わず作りはじめましょう。

① あじは三枚におろして腹骨を取り、全体に塩をまぶす。

二

パン粉は粗め・細かめの2種類用意せよ

粗いパン粉はサクッとした食感を出し、細かいパン粉はあじにムラなく接着させる役割が。粗いパン粉をポリ袋に入れてめん棒を転がしてつぶせば、細かいパン粉のでき上がり！

② パン粉2種類はバットに入れ、よく混ぜる。

三

バッター液はた〜っぷりと絡めて

バッター液とは揚げ物用の衣のこと。パン粉が均一につき、はがれにくくなります。どろりとした粘度のある衣をあじにたっぷり絡めれば、あじに火が入りすぎず、ふっくら揚がります。

③ ボウルにバッター液の材料を入れ、泡立て器でしっかり混ぜる。あじの身や皮が見えなくなるくらいたっぷり絡める。パン粉を全体にまんべんなくまぶし、手のひらで軽く押さえて接着させる。

四

油の温度は190℃、揚げ時間は1分！

魚は短時間で火が入る食材。揚げすぎは身がかたくなってパサつく原因に。油の温度と揚げ時間を守ることが、最高においしいあじフライへの近道です！

④揚げ鍋の深さ4㎝まで油を注ぎ、190℃に熱してあじを入れる。あじを入れたら触らず30秒待ち、裏返して同様に触らず30秒揚げる。油の温度が急激に下がらないよう、一度に揚げるのは1尾分と心得て。

※温度計がないときの190℃の目安…熱した揚げ油にパン粉をひとつまみ落としてみて、ジュッと音を立ててすぐに浮き上がり、勢いよく広がる状態。

五

すぐに食べるな。余熱でじんわり火を入れよ

揚げたあじをバットにおき、余分な油を落とします。揚げたばかりのあじは中心部がレアなので、余熱でじんわりと火を入れます。時間は1分を目安に。

⑤あじフライは網を敷いたバットなどに取り出し、油をきる。そのまま1分ほどおいて余熱で中まで火を入れる。つけ合わせとともに器に盛る。

◎衣はサクサク、あじはフワフワ、ジューシー。おいしく揚がったその日がフライデー！

そのままでもおいしいけれど、ソース、しょうゆ、塩、タルタルなどいろいろな味で食べ比べるのも楽しい。

あじフライと公認の仲

タルタルソース 柴漬けと青のり風味

マヨネーズ大さじ4、柴漬け(みじん切り)大さじ2、長ねぎ(みじん切り)大さじ1、青のり小さじ½を混ぜる。

柴漬けがなかったら、他の漬けもの(たくあん、いぶりがっこ、ピクルスなど)でもOK。紅しょうがを使うとぐっと庶民的な味に。

アレンジレシピ

締めあじのレアフライ

2人分

あじ（刺し身用・三枚におろしたもの）……2尾分
塩……大さじ1
砂糖……大さじ1
酢……大さじ2
乾燥パン粉（粗いもの）……1カップ
乾燥パン粉（細かいもの）……1カップ
バッター液
　薄力粉……120g
　水……150ml
揚げ油（サラダ油、米油、太白ごま油などクセがないもの）……適量
練り辛子……適量

塩と砂糖をふって適度に水分を抜いたあじに、酢をかけます。ふっくらとしたあじの食感も同時に味わいたいので、酢に浸す時間は5分ほどに。

① あじは腹骨を取り、塩と砂糖を混ぜてあじにまぶし、バットにのせてラップをふんわりとかけ、冷蔵室に10分ほどおく。
② ①のあじをさっと洗って水けをふき、酢をふりかけて5分ほどおく（途中、1回裏返す）。
③ パン粉2種類はバットに入れ、よく混ぜる。バッター液の材料は泡立て器でしっかり混ぜる。
④ ②のあじの酢をふき取り、バッター液をたっぷり絡め、パン粉を全体にまんべんなくまぶし、手のひらで軽く押さえて接着させる。
⑤ 揚げ鍋の深さ4㎝まで油を注ぎ、190℃に熱してあじを入れる。15秒揚げたら裏返し、さらに15秒揚げる。
⑥ 網を敷いたバットなどに取り出し、油をきる。食べやすく切り分けて器に盛り、辛子を添える。

◎サクッとした衣と、しっとりレアな締めあじ。食感のギャップにハマること間違いなし

三枚おろしに歴史あり？

編集S　島津さんはいつごろ三枚おろしができるようになったんですか。

島津　いつだったか思い出せないほど昔ですね（笑）。多分、小学生のころ。

新田　早いですね！

島津　友達と東京湾に釣りに行って、釣ったあじを祖父と一緒におろしたのが最初かな。

編集S　新田さんは？

新田　私は中学生のころ。同居していた料理上手の祖母に「大名おろし」を教わりました。

編集S　お二人とも早くからおろせたんですね。すごい！

島津　社会人になってから鮨店で半年ほど働く機会があって、店の大将の前で三枚おろしをしたら「それじゃ、お客さんに出せない」と言われて猛特訓（笑）。そのときだね、魚の扱い方をたたき込まれたのは。

新田　私もずっと自己流でおろしていたんですが、島津さんが主宰されていたおろし方教室（築地お魚くらぶ）に通って、あじの三枚おろしを一から学び直しました。

編集S　私も島津さんの教室で教わりました。不器用で左利きだから、頭の中がこんがらがって、も～大変（笑）。

新田　私も左利きだから気持ちはわかる！

編集S　そもそも島津さんはなぜ、魚のおろし方教室を10年も続けたのですか。

島津　みんな誤解しているけど、魚をきれいにおろせることが目的じゃないんです。

新田&編集S　えっ、そうなんですか。

島津　近年、家庭で魚を食べる人が減ってきています。水産仲卸を生業にしている身としては「魚はおいしい」ってことを広く知ってほしくて。魚をおろすことは、おいしさを知るための、ほんの一部にすぎないんです。

編集S　なるほど。

島津　とはいえ、魚がおろせるようになれば魚を料理する機会が増えるし、食生活が豊かなものになる。あじの三枚おろしはその第一歩だと思うんです。

3章

新しい食べ方2

いわしをおいしく楽しむ

／インターナショナルいわし！／

イタリア・ポルトガル・スペイン……。
外国の「いわしっ喰い」をお手本に

回遊魚のいわしは、世界じゅうで獲れる青魚です。アジアの国々はもちろん、北米や南米、アフリカでも食べられます。なかでもヨーロッパの人たちは、いわしが大好き。ポルトガルでは、毎年6月に開催される聖アントニオ祭(別名「イワシ祭り」)でいわしの塩焼きの屋台がずらりと並びます。イタリア南部、とくにシチリア島では揚げ物やパスタなどさまざまな料理にいわしを使います。もしもレシピに困ったら、外国の料理をお手本にすれば、今までとは違ったいわしのおいしさが楽しめますよ。

いわしのポルトガル塩焼き

2人分

いわし（大）……2尾（小さければ4尾）
塩……ふたつまみ
じゃがいも（中）……2個
ミニトマト（へたを取る）……6〜8個
にんにく（皮つき・つぶす）……2かけ分
オリーブオイル……適量
粗びき黒こしょう……適量

① いわしはうろこがあれば包丁の刃先を尾から頭のほうへ動かしてこそげ取る。洗って水けをふき、両面に塩をふる。じゃがいもは皮つきのまま1㎝幅の輪切りにし、さっと水でぬらして耐熱皿に並べ、ラップをふんわりとかけ、電子レンジで4分加熱する。

② 耐熱皿にいわし、じゃがいも、ミニトマト、にんにくを並べ、野菜に軽く塩（分量外）をふり、オリーブオイルをたっぷり回しかける。オーブントースター、または220℃に温めたオーブンで15分ほど焼く。仕上げにこしょうをふる。

魚焼きグリルで焼く場合は、アルミホイルを敷いて食材を並べ、上下強火で10分ほど焼きます。

ポルトガル人はいわしの塩焼きが大好き。現地ではじゃがいもを添え、オリーブオイルとレモン果汁（またはビネガー）をたっぷりかけます。このレシピではミニトマトを一緒に焼いて穏やかな酸味を足しました。お供はもちろんワイン。ポルトガルの微発泡ワイン「ビーニョヴェルデ」が相思相愛です。

いわしときのこのしっとりアヒージョ

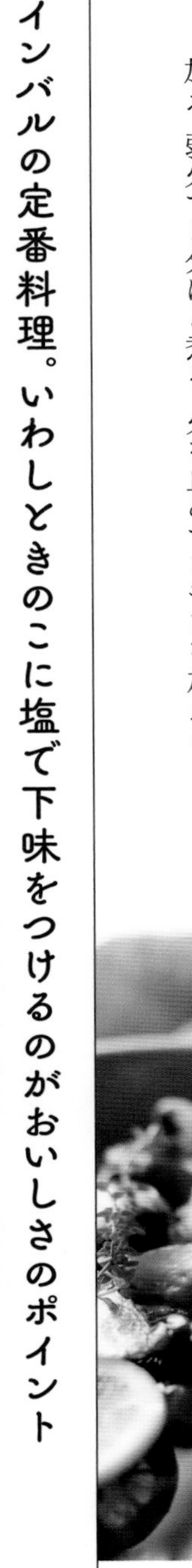

◎スペインバルの定番料理。いわしときのこに塩で下味をつけるのがおいしさのポイント

2人分

いわし（大）……3尾（小さければ4〜5尾）
塩……ふたつまみ
マッシュルーム……6個
まいたけ……½パック
にんにく（薄切り）……2かけ分
オリーブオイル……1カップ
タイム……2枝
レモン（輪切り）……4切れ

① いわしはうろこがあれば包丁の刃先を尾から頭のほうへ動かしてこそげ取る。頭と尾を切り落とし、菜箸で内臓をかき出して腹の中まで洗い、水けをふく。4㎝長さの筒切りにし、表面に塩をふる。

② マッシュルームは半分に切り、まいたけは食べやすくほぐす。ボウルに入れて塩少々(分量外)で和え、5分ほどおく。

③ 小さめのフライパンにオリーブオイル、にんにくを入れて中火にかける。ふつふつと泡立ってきたら①、②、タイムを加え、弱火で5分ほど煮る。火を止めてレモンを加える。

いわしときのこは、オイルで煮る前に塩で下味をつけておくと、味がしっかり浸透しておいしく仕上がります。いわしときのこのうまみの相乗効果を心ゆくまで楽しんで。

オイルにはいわしときのこのうまみが溶け込んでいます。パンにしみ込ませて残さず味わって。

◎脂ののったいわしと、たっぷり散らしたスライスアーモンドで南イタリアテイストに

南イタリア風 いわしのパスタ

2人分

いわし（大）……2尾（小さければ4尾）
塩……ふたつまみ
スパゲッティ……160g
マッシュルーム……4個
にんにく（つぶす）……1かけ分
ミニトマト（へたを取る）……6個
黒オリーブ（薄切り）……大さじ1
スライスアーモンド……大さじ2
オリーブオイル……大さじ2
白ワイン……大さじ3
レモン汁……大さじ1
イタリアンパセリ（葉をちぎる）……少々

① いわしはうろこがあれば包丁の刃先を尾から頭のほうへ動かしてこそげ取る。手開きにして2cm長さに切り、塩をふる。マッシュルームは薄切りにする。

② 鍋に2ℓの湯を沸かして塩大さじ1強（分量外）を加え、スパゲッティを表示時間通りにゆでる。

③ フライパンにオリーブオイル、にんにくを入れて中火にかけ、にんにくの香りが出てきたらいわしを入れ、強火で焼きつける。ミニトマトも加えて木べらなどでつぶしながら炒め、マッシュルーム、黒オリーブ、スライスアーモンド、白ワインも加えて炒める。

④ ③にスパゲッティとゆで汁大さじ2を加え、強火で水けを飛ばすように炒める。レモン汁をふり、オリーブオイル適量（分量外）をかけ、味をみて足りなければ塩少々（分量外）でととのえる。

⑤ 器に④を盛り、イタリアンパセリを散らす。

焼きいわしと夏野菜のマリネ

2人分

いわし（大）……2尾（小さければ4尾）
塩……ふたつまみ
なす……1本
赤パプリカ……½個
黄パプリカ……½個
A　レモン汁……½個分
　オリーブオイル……大さじ1
　粒マスタード……小さじ½
　塩……少々
　砂糖……少々
〈つけ合わせ〉
ルッコラ……適量

① いわしはうろこがあれば包丁の刃先を尾から頭のほうへ動かしてこそげ取る。洗って水けをふき、両面に塩をふる。
② 魚焼きグリルにいわし、なす、パプリカを並べ、上下強火で10分ほど焼く。いわしを取り出し、なすとパプリカは皮が真っ黒になるまでさらに焼く。
③ なすとパプリカの粗熱が取れたら、へたを除いて皮をむき、それぞれ縦4等分に切る。
④ Aを混ぜ、③を和えて味をなじませる。
⑤ 器にいわしを盛り、④をかける。

◎とろとろのなすとパプリカをいわしのソースに。真夏なら冷蔵庫でキンと冷やすのが正解

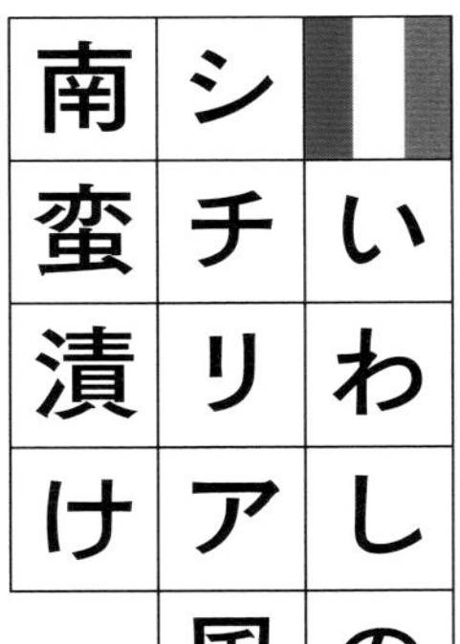

いわしのシチリア風南蛮漬け

2人分

いわし（大）……2尾（小さければ4尾）
塩……ひとつまみ
片栗粉……適量
玉ねぎ……¼個
オリーブオイル……適量
A　レモン汁……½個分
　　酢……大さじ2
　　砂糖……小さじ2
　　塩……小さじ½
　　レーズン……大さじ1
　　松の実……大さじ1
オレガノ（あれば。葉を摘む）……1枝

① いわしはうろこがあれば包丁の刃先を尾から頭のほうへ動かしてこそげ取り、手開きにする。縦半分に切り、表面に塩をふって片栗粉をまぶす。玉ねぎは薄切りにする。

② フライパンにオリーブオイルを多めに入れて強火で熱し、いわしをカリッとするまで揚げ焼きにして、油をきる。

③ ②のフライパンに玉ねぎを加え、透明になるまで中火で炒める。

④ Aと③の玉ねぎを混ぜる。

⑤ 保存容器などに②のいわしを入れ、④を全体にかけて5分ほどおく。味がなじんだら、あればオレガノを添える。

◎シチリア島の夏の前菜。新鮮ないわしが多めに手に入ったら、作りおきがおすすめです

甘いレーズン、コクのある松の実、香り豊かなオレガノ。どれもシチリア島の特産ですが、これらがなくてもさっぱりとした南蛮漬けができます。多めに作って冷蔵庫で冷やしておけば、あと1品ほしいときに大助かり。シチリア名物・ミートボールのトマト煮と合わせてイタリア風の献立なんて、いかがでしょう？

◎いわしのうまみと脂を米ひと粒ひと粒にまとわせた、インド式炊き込みご飯

いわしときのこのビリヤニ

ビリヤニとは、インドやパキスタンなどで食べられる炊き込みご飯のこと。具は、鶏肉、ラム、魚介、野菜などさまざま。うまみの濃いいわしでも、おいしく作れます。現地では複数のスパイスを加えますが、カレー粉だけで味が決まるようにレシピをアレンジしました。

バスマティライス：インドなどで作られている、インディカ米の一種。日本の米より粒が長く、粘りけがなくてパラッとした食感。インドのカレーに添えるご飯といえば、これ。インドの食材を扱う店やインターネットで購入できます。

2~3人分

いわし（大）…… 3尾（小さければ4尾）
バスマティライス …… 1合
しいたけ …… 4個
マッシュルーム …… 6個
玉ねぎ …… 1個
にんにく（薄切り）…… 1かけ分
サラダ油 …… 大さじ3
A プレーンヨーグルト …… ½カップ
カレー粉 …… 大さじ2
ウスターソース …… 大さじ1
トマトペースト …… 大さじ1（18g）
塩 …… 小さじ1½
砂糖 …… 小さじ1
紫玉ねぎ（薄切り）…… 適量
パクチー（ざく切り）…… 適量
ミント（ざく切り）…… 適量

① バスマティライスは洗って30分ほどたっぷりの水に浸し、ざるに上げる。
② いわしはうろこがあれば包丁の刃先を尾から頭のほうへ動かしてこそげ取り、手開きにして3㎝長さに切る。しいたけは軸を取って1.5㎝角に切る。マッシュルームは半分に切る。玉ねぎは薄切りにする。
③ 鍋にサラダ油、にんにく、玉ねぎ、しいたけ、マッシュルームを入れて中火にかけ、玉ねぎが少し茶色くなるまで炒める。具を鍋の端に寄せ、空いたところにいわしを並べて焼きつけ、Aを加えて全体に絡め、火を止める。
④ 別の鍋にたっぷりの湯を沸かし、塩少々（分量外）を加え、①のバスマティライスを5分ほどゆで、ざるに上げる。
⑤ ③の鍋に④を入れ、ふたをして弱火で10分ほど炊く。火を止めて5分ほど蒸らして混ぜ、紫玉ねぎ、パクチー、ミントも加えてざっくり混ぜる。

㊤いわしは皮目を香ばしく焼きます。
㊦紫玉ねぎやハーブはビリヤニが炊き上がってから加え、香りを生かします。

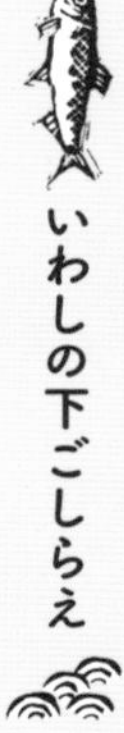

いわしの下ごしらえ

手開きにチャレンジ

頭を落とす

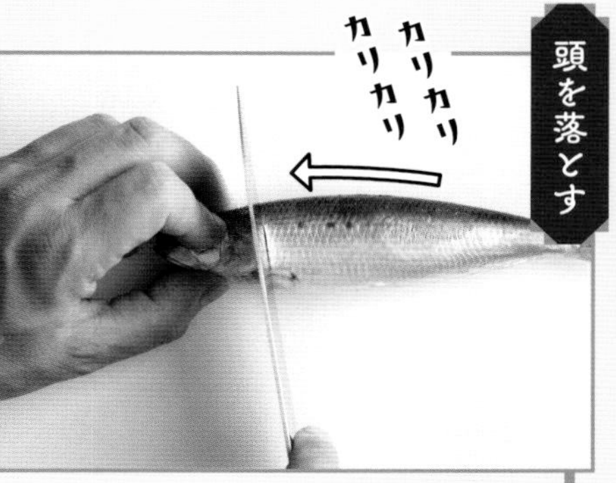

まな板にまな板シート、または新聞紙を敷き、いわしの頭を左、腹を手前にしておき、左手で頭をつまんで押さえる。うろこがあれば尾から頭に向かって包丁の刃先でこそげ取る。

胸びれの後ろに包丁をまっすぐ立てて入れ、頭を切り落とす（切るときは、左手で頭を押さえる）。

内臓を取る

頭側を手前、腹を右にしておき、左手で軽く身を押さえ、肛門から頭のほうに向かって斜めに切り落とす。

横から見ると…

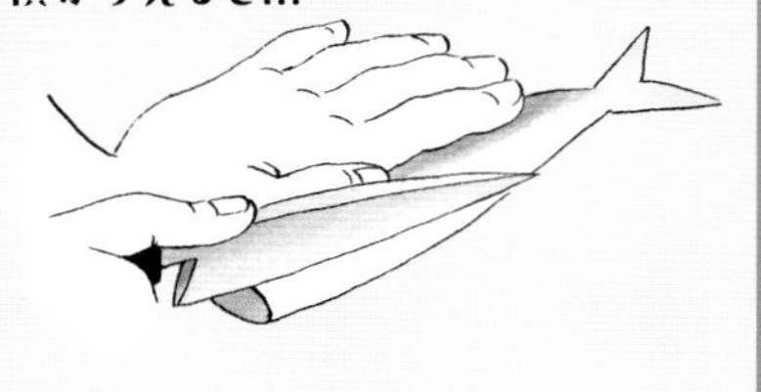

腹の奥に包丁の切っ先を入れ、内臓をかき出す。

洗う

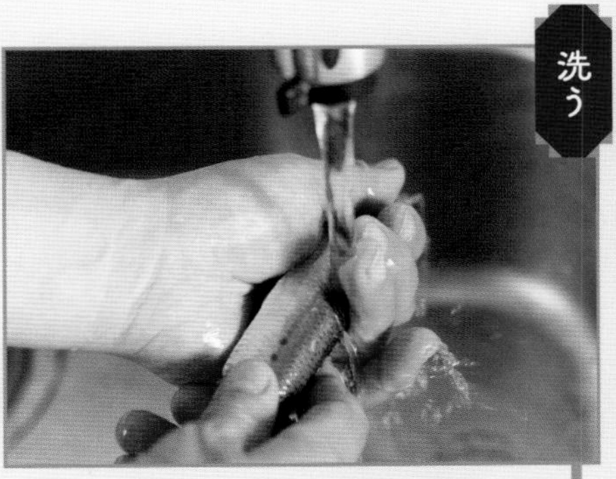

まな板に残った頭と内臓はシート、または新聞紙で包んで捨て、まな板と包丁を洗う。いわしは表面に流水を1〜2秒当ててさっと洗う。

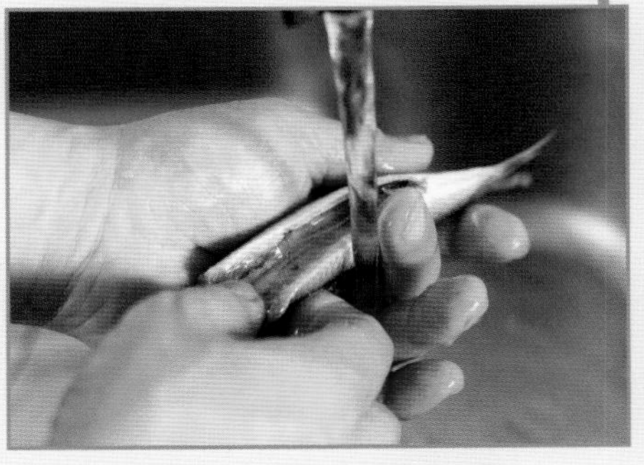

腹の中に流水を2秒ほど当て、背骨に残っている内臓や血を洗い流す。いわしが生臭くなるので、真水に長時間当てないこと。

ふく

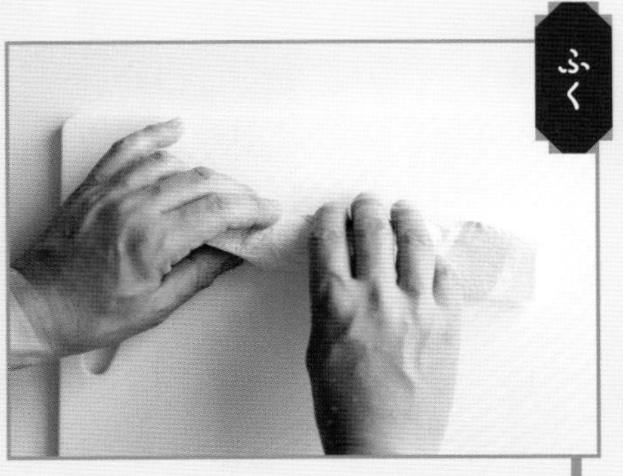

まな板にキッチンペーパーを敷き、いわしをのせて全体を包んで水けをふく。

別のキッチンペーパーを折りたたみ、表面と腹の中の水けをしっかりふき取る。

頭と内臓を取った状態。
いわしを買った当日に料理しない場合は、ここまでやっておくと2、3日はおいしく食べられる。
※保存方法は53ページを参考に。

手で身を開く

いわしは身がやわらかいので、包丁を使わずに手で開いて背骨を取り除きます。このとき、できるだけ骨に身がつかないように外すのがポイント。最初は身がくずれてしまっても、慣れてくると骨がきれいに外せるようになります。

1

左手で頭側を手前、腹を右にして軽く持つ。

2

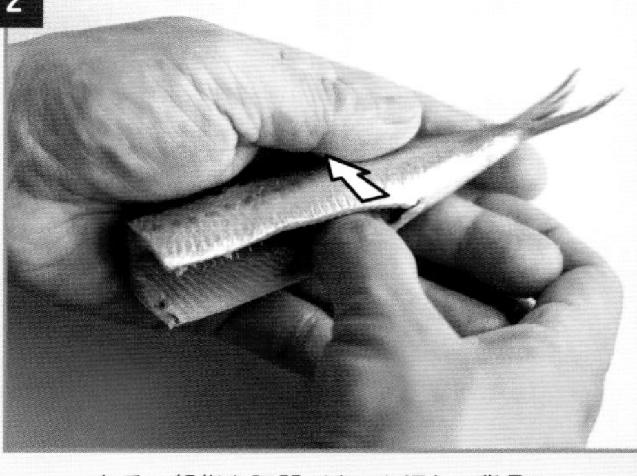

右手の親指を肛門があった辺りで背骨と身の間にぐっと深く差し込む。

3

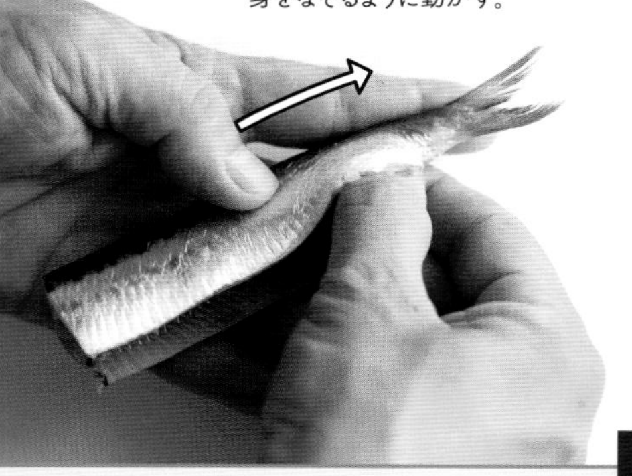

親指の先を背骨に沿って尾のほうへ進める。このとき、親指の腹は背骨を、親指の爪先は背の内側の身をなぞるように動かす。

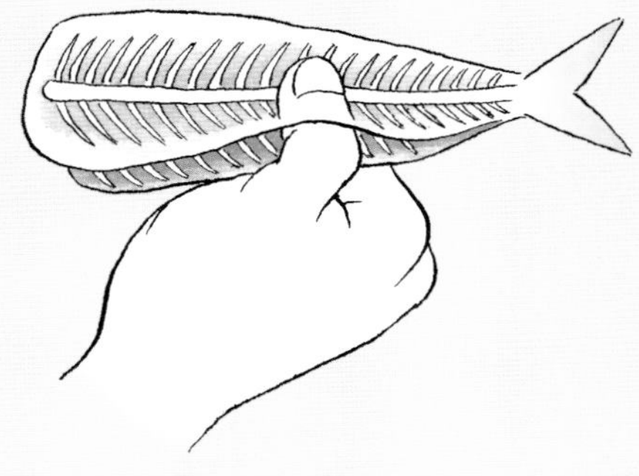

4

尾のつけ根まで到達したら、今度は背骨に沿って頭のほうまで動かし、背骨と身をはがす。

5

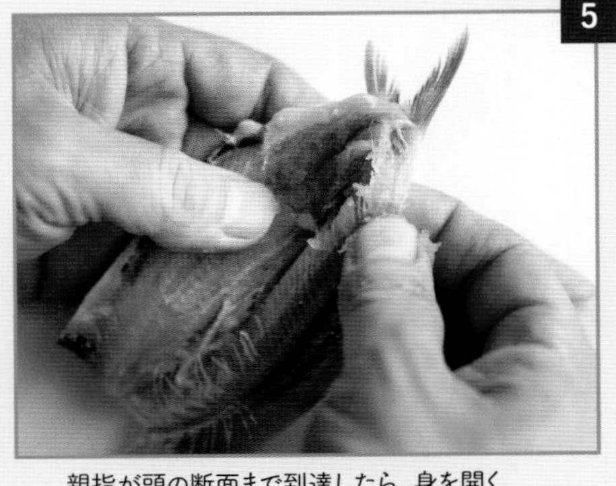

親指が頭の断面まで到達したら、身を開く。

6

背骨を身から外す。左のイラストのように、左手で尾を持ち、右手の人差し指と親指で尾のつけ根辺りの背骨をはさんで持つ。骨に身がつかないように、頭のほうに向かって慎重に動かす。

背骨が外れたらまな板におき、左手で身を押さえ、右手で背骨を持ち、尾のつけ根のところで右に引き抜く。

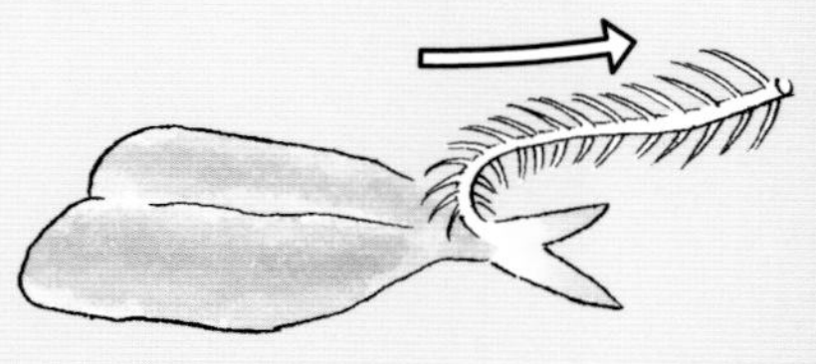

完成！

手開きした状態。

尾びれを残したい場合は、尾のつけ根に包丁を入れ、尾びれを切らないように背骨を切る。

腹骨が残っていたら

身に腹骨が残っている場合は、薄くそぎ切る。

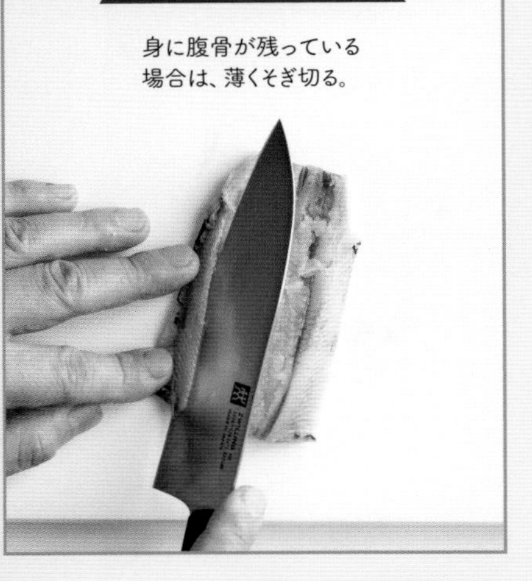

いわしの晩酌

汗ばむ陽気には、キリッと冷えた白ワインがたまらない。冷蔵庫には買ってきたばかりのいわしがある。かば焼きか梅煮に、と思っていたが、ワインのつまみに仕立てるのも悪くない。アヒージョとイタリア風のマリネにしてみたが、オイリーな味をスパッと切る白ワインの何と相性の良いことか！　うまみの濃いいわしなら、軽めの赤ワインもいけるはず。いわしのほかにチーズやオリーブが少しあれば、今夜は延々と飲めそうだ。

「いわしときのこのしっとりアヒージョ」P94／「焼きいわしと夏野菜のマリネ」P97

いわしと梅

いわしの梅煮

◎いわしのアヒージョをヒントに。梅干しとオリーブオイルは意外なほど相性抜群

いわしのオイル梅煮

いわしと梅干しは、昔から相性が良いといわれてきました。「梅干しのクエン酸が食中毒を防ぐ」とか、「いわしの生臭さを梅干しの強い刺激がカバーする」だとか、少々ネガティブな理由も耳にしますが、一番の理由は「おいしい」から。うまみをともなういわしの脂と梅干しの酸っぱさが、互いのいいところを引き立て合うのです。誰もが知る定番料理も、新しい味も、「いわしと梅」が名コンビであることを教えてくれます。

いわしの梅煮

2人分

いわし（中）……4尾
梅干し……2個
A｜しょうゆ……大さじ2
　｜みりん……大さじ2
　｜酒……大さじ2
　｜水……大さじ2
　｜砂糖……小さじ2

① いわしはうろこがあれば包丁の刃先を尾から頭のほうへ動かしてこそげ取り、頭を切り落とす。腹に切り込みを入れ、内臓をかき出して腹の中まで洗い、水けをふく。

② 鍋にAを入れて中火にかけ、煮立ったらいわしとちぎった梅干しを加え、クッキングシートなどで落としぶたをして5分煮る。

煮上がりはもちろん、冷める過程で味がじんわりしみたいわしも美味！

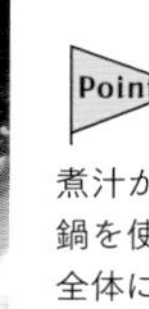

Point

煮汁が少ないので、小さめの鍋を使うこと。煮汁がいわし全体に回るように、落としぶたをして煮ましょう。

いわしのオイル梅煮

米油も一緒に使うと仕上がりがベタつかず、冷蔵庫で冷やしても油がかたまりません。

2人分

いわし（中）……4尾
塩……小さじ1
梅干し……2個
じゃがいも……1個
にんにく（つぶす）……2かけ分
A オリーブオイル……½カップ
　米油（サラダ油でも）……½カップ
ローリエ（あれば）……2、3枚

Point

油の温度が高いと「素揚げ」状態になり、いわしの身がかたくなります。火加減は小さな泡が立つ程度におさえて。

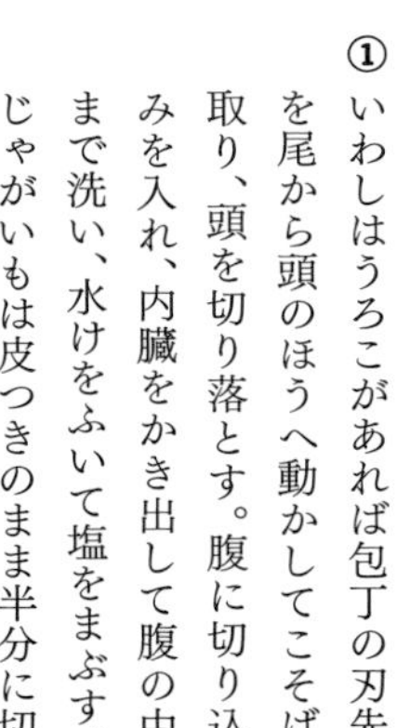

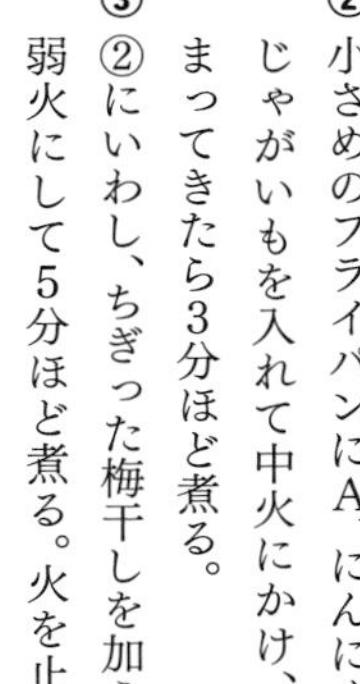

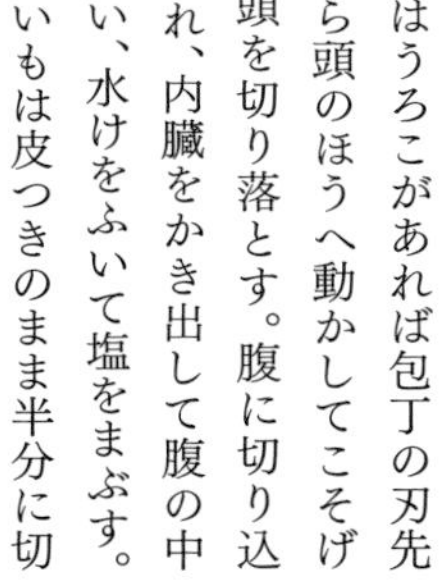

① いわしはうろこがあれば包丁の刃先を尾から頭のほうへ動かしてこそげ取り、頭を切り落とす。腹に切り込みを入れ、内臓をかき出して腹の中まで洗い、水けをふいて塩をまぶす。じゃがいもは皮つきのまま半分に切り、1.5㎝幅に切る。

② 小さめのフライパンにA、にんにく、じゃがいもを入れて中火にかけ、温まってきたら3分ほど煮る。

③ ②にいわし、ちぎった梅干しを加え、弱火にして5分ほど煮る。火を止める直前にあればローリエを加える。

いわしの梅春巻き

いわし（大）……2尾
生春巻きの皮……4枚
梅干し……2個
溶けるチーズ（シュレッドタイプ）……40g
バジルの葉……8枚
揚げ油……適量

① いわしはうろこがあれば包丁の刃先を尾から頭のほうへ動かしてこそげ取り、手開きにして縦半分に切る。梅干しは種を取り、半分に切る。

② 生春巻きの皮は1枚ずつさっと水にくぐらせ、水けをふく。皮1枚に対し、チーズ1/4量、いわし1切れ、梅干し1切れ、バジルの葉2枚をのせ、手前からくるりとひと巻きする。皮の左右を内側に折りたたみ、最後まで巻く。これを計4本作る。

③ 揚げ油を170℃に熱し、②を4～5分揚げる。

Point
生春巻きの皮はふやけすぎると巻きづらいので、少しかたさが残っているうちに巻きはじめるのがコツです。

◎ひと口頬張ると、いわしのうまみ、梅干しの酸味、バジルのさわやかな香りがあふれ出る！

いわしと梅のコンビは、揚げてもおいしい！チーズとバジルも一緒に巻いてイタリア風に仕立てました。バジルを青じそに変えれば、和風味に。生春巻きの皮は、揚げるとおせんべいのようなカリカリ食感になり、一度味わうとクセになります。通常の春巻きの皮で作っても、もちろんOK。

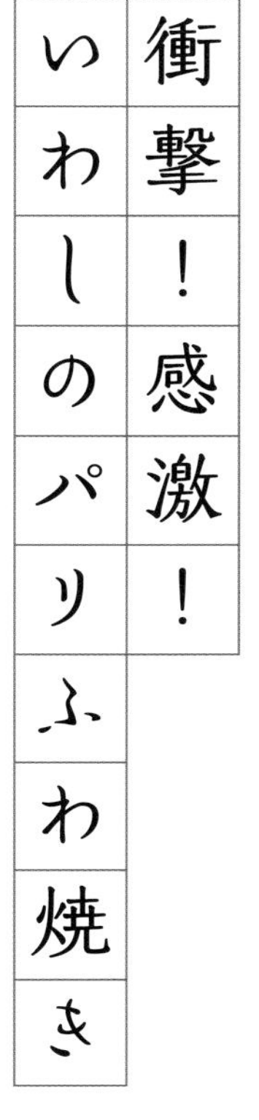

衝撃！感激！いわしのパリふわ焼き

いわしのパリふわ焼きは、いわしの長所を最大限に引き出した料理です。味つけは塩だけ。皮をパリッと焼いて香ばしさを引き出し、身はフライパンに当てずにふっくら仕上げます。シンプルだけど、驚きのおいしさです。

2人分

いわし（大）……2尾（小さければ4尾）
塩……ふたつまみ
片栗粉……適量
オリーブオイル……大さじ2

一　片栗粉はいわしの皮面のみにまぶすべし

手開きにしたいわしの皮面が、パリふわ焼きの「パリ」担当。軽快な食感を出すために、皮面だけにしっかりと片栗粉をまぶします。

① いわしはうろこがあれば包丁の刃先を尾から頭のほうへ動かしてこそげ取り、手開きにして両面に塩をふり、皮面に片栗粉をしっかりまぶす。

二 皮面をパリッと焼き、身は赤みを残して火を止めよ

焼くときは、パリパリにしたい皮面を下にしていわしを並べ、身のほうに少し赤みが残っているうちに取り出します。これが「パリふわ」に仕上げるコツ。

② フライパンにオリーブオイルを中火で熱し、いわしの皮面を下にして並べ、パリパリになるまで2分ほど焼く。

三 余熱でじんわり。いわしの身がふわふわに

バットで油をきる間に余熱で身にじんわりと火を入れ、ふわふわに仕上げます。皮面を上にしておくと、パリパリが保てます。

③ いわしは皮面を上にして網を敷いたバットなどに取り出し、油をきる。そのまま30秒～1分おいて余熱で中まで火を入れる。

アレンジソース

色までおいしいソース2種

パリふわ焼きをもっとおいしく！

【トマトとらっきょうのヨーグルトソース】
プレーンヨーグルト……½カップ
ミニトマト（5mm角に切る）……4個分
甘酢らっきょう（粗みじん切り）……4個分
塩……少々

【パセリとチーズのレモンソース】
パセリ（みじん切り）……大さじ3
レモン汁……大さじ3
粉チーズ……小さじ2
オリーブオイル……大さじ3
塩……少々
砂糖……少々

※ソースはそれぞれ材料をよく混ぜ、いわしのパリふわ焼きにかける。

◎シンプルな塩味もいいけれど、カラフルなソースをかければ、目にもおいしい一品に

トマトとらっきょうのヨーグルトソース

パセリとチーズのレモンソース

島津&新田 お魚トーク その②

魚の献立問題

編集T　我が家にはふたりの息子がいるのですが、次男が魚好き。彼を喜ばせようと、週末になると私が魚料理を作るんですよ。

島津　いいお父さんですね。

新田　すばらしい！

編集T　でも、ひとつ悩ましいことがあって。魚を主菜にした献立は、育ち盛りの息子たちにとってはちょっと物足りないようでして……。

新田　動物性のおかずはお魚料理だけ？

編集T　魚がメインのときは、魚だけ。

新田　うーん、それはたしかに10代の男子には物足りないかもしれませんね。それなら、副菜に肉を使ってみてはいかがですか。

編集T　たとえば？

新田　こってり味の魚料理には豚しゃぶサラダとか。たっぷり野菜にお肉もたっぷりと加えてボリュームを出すんです。薄切り肉をさっとゆでるだけなので、簡単ですよ。反対にあっさり味の魚料理なら、豚肉のしょうが焼きを添えても。私はいい大人ですけど（笑）、ふだん魚と肉を両方献立に組み込んでいます。

編集T　島津さんは、子どものころから魚介に囲まれて育ちましたよね。家庭ではどんな献立でしたか。

島津　クリームシチューにあじのたたき。なかなかない組み合わせでしょう（笑）。ハンバーグとなまこの酢の物って日もあったかな。

新田&編集T　ハンバーグになまこ！

島津　家庭料理はそれでいいと思いますよ。あるものを、新鮮なうちに、おいしく食べることが大事。

新田　お魚は個体差が大きいですよね。レシピには2人分で2尾と書いてあっても、スリムで小柄なあじなら1人2尾でも足りないくらい。レシピを提案している私が言うと矛盾を感じるかもしれませんが、魚の大きさと食べる人の食欲に応じて、1人分の分量を変えてもかまわないと思います。私の知り合いの50代女性なんて、4尾分のいわしの梅煮を1人でたいらげたと笑ってましたよ。

4章

新しい食べ方3
さばをおいしく楽しむ

エキゾチックさば♪

お肉のような
ボリューム感。
スパイスや辛味を効かせて
ガツンと刺激的な味に

あじやいわしよりも体格が大きくて身質がしっかりしている、さば。まるでお肉のような存在感があります。ならば、ふだんお肉で作る料理を、さばで作ってみたらどうだろうか。そんな仮説を立ててみたら、うまくいきました！　とくにインドのスパイシー焼き、タイのカレー、キムチを使ったポテトサラダなど、香りの強いスパイスや唐辛子・こしょうといった辛味が、脂ののったさばと相性抜群。さばのみそ煮もおいしいけれど、こんな味の冒険も刺激的で楽しいものです。

◎和食とインド料理を合体させたら、ご飯にもパンにも合うひと皿になりました

さばのスパイシーみそ焼き

2人分

さば（三枚におろしたもの）……½尾分
さつまいも……1本
ズッキーニ……1本
A
- プレーンヨーグルト……大さじ5
- みそ……大さじ1
- カレー粉……大さじ1
- トマトペースト……大さじ1（18g）
- 砂糖……小さじ1½
- パプリカパウダー……小さじ½
- にんにく（すりおろす）……小さじ½
- しょうが（すりおろす）……小さじ½

オリーブオイル……適量
〈つけ合わせ〉
リーフレタス、クレソン、トレビス……各適量

① さばは3～4等分に切る。さつまいもとズッキーニは小さめの乱切りにする。さつまいもはラップで包み、電子レンジで2分加熱する。Aはよく混ぜる。

② バットにさばと野菜を並べ、Aを全体にぬり込んで20分ほどおく。

③ 魚焼きグリルにアルミホイルを敷き、オリーブオイルを薄く引く。②をのせてオリーブオイルを全体に回しかけ、上下弱火で10～15分焼く（オーブンの場合は、200℃で15分ほど焼く）。途中、焦げ目がついてきたら、アルミホイルをかぶせて焼く。

日本の「さばのみそ煮」と、インドの「フィッシュティッカ（魚介のスパイシー焼き）」を一体化させたら、スパイシーだけど、どこか親しみのある味になりました。香ばしい味が好みなら、仕上げにアルミホイルを取り、こんがり焦げ目をつけてもよいでしょう。

◎タイの春雨サラダにさばをほぐして加えたら、おいしさもボリュームもともにアップ！

焼きさばのヤムウンセン

ヤムウンセンにはたいていえびやいかを使いますが、焼いたさばでアレンジしたら、うまみも食べごたえもグンと増しました。焼いてほぐして春雨と和えるので、魚が苦手な人にも食べやすいと好評です。

2人分

さば（三枚におろしたもの）…… ½尾分
塩…… ふたつまみ
緑豆春雨…… 25g
ミニトマト（へたを取る）…… 4個
セロリ…… ⅓本
紫玉ねぎ…… ⅕個
パクチー…… 適量
A ナンプラー…… 大さじ2
　レモン汁…… 大さじ2
　砂糖…… 大さじ2
　にんにく（みじん切り）…… 小さじ⅓
　赤唐辛子（輪切り）…… 少々
レモン（横半分に切る）…… ½個分

① さばは両面に塩をふり、魚焼きグリルに並べて上下強火で10分ほど焼く。粗熱が取れたら手で大まかにほぐす。

② 春雨は表示時間通りにゆで、ざるに上げる。ミニトマトは4等分に切る。セロリは斜め薄切りにする。紫玉ねぎは薄切りにする。パクチーは大きめにちぎる。

③ Aをよく混ぜ、①と②を和える。器に盛り、レモンを添える。

さばの食感を残したいので大まかにほぐしました。ほぐす際に骨をしっかり取り除いておきましょう。

◎皮パリ、身はしっとりの焼きさばに、カレーの刺激と玉ねぎの甘味がこんなに合うなんて！

焼きさば カレー玉ねぎ添え

2人分

さば（三枚におろしたもの）……½尾分
塩……ふたつまみ
しし唐……4本
玉ねぎ……½個
A しょうゆ……大さじ2
　みりん……大さじ2
　水……大さじ1
　カレー粉……小さじ2
　砂糖……小さじ1

① さばは半分に切り、両面に塩をふる。魚焼きグリルに並べ、上下強火で10分ほど焼く。途中、8分経ったらしし唐も並べて焼く。
② 玉ねぎは薄切りにする。
③ 小鍋にAを入れて中火にかけ、煮立ってきたら②を加えて3分ほど煮る。
④ 器にさばとしし唐を盛り、③を添える。

さばの甘辛黒こしょう揚げ

4人分

さば（三枚におろしたもの）……1尾分

A
- しょうゆ……大さじ$1\frac{1}{2}$
- 砂糖……大さじ1
- みりん……大さじ1
- 水……大さじ$\frac{1}{2}$
- 粗びき黒こしょう……大さじ$\frac{1}{2}$
- しょうが（すりおろす）……小さじ1

片栗粉……適量

揚げ油……適量

〈つけ合わせ〉

レタス、トレビス……各適量

① Aはよく混ぜる。

② さばはひと口大に切り、片栗粉をしっかりまぶす。揚げ油を180℃に熱してさばを3分ほど揚げ、油をきる。

③ さばが熱いうちに①のたれを絡める。

◎ガリッとかんで広がる黒こしょうの香りが、さばのワイルドなうまみを際立たせます

さばとかぼちゃのグリーンカレー煮

2人分

さば（三枚におろしたもの）…… $\frac{1}{2}$尾分
かぼちゃ …… 100g
玉ねぎ …… $\frac{1}{4}$個
サラダ油 …… 大さじ1
しょうが（みじん切り）…… 小さじ1
にんにく（みじん切り）…… 小さじ1
グリーンカレーペースト …… 30g
A ココナッツミルク …… 1カップ
　水 …… 1カップ
　ナンプラー …… 小さじ2
　砂糖 …… 小さじ2

①さばはひと口大に切る。かぼちゃは種とわたを取り、1㎝幅のいちょう切りにする。玉ねぎは1㎝幅に切る。
②鍋にサラダ油、しょうが、にんにくを入れて弱火にかけ、香りが立ってきたらグリーンカレーペーストを加え、さっと炒める。
③②にA、かぼちゃ、玉ねぎを加え、弱めの中火で5分ほど煮る。さばを加えてさらに5分ほど煮る。

さばは火が入りやすいので、野菜が煮えてから鍋に加えます。さばのにおいが気になるようなら、にんにくやしょうがの量を少し増やしてもよいでしょう。

◎辛味と香りにクセのあるグリーンカレーが、さばのおいしさをぐっと押し上げます

かぼちゃの甘味とココナッツミルクのコク、グリーンカレーペーストの辛味と香り。強い個性が、同じく味に個性のあるさばと好相性。好みでパクチーをトッピングしたり、カレーにパンを浸して食べても。

さばの献立

脂ののった秋さばはまるで肉！　魚が苦手な子どもたちもおいしいと言って食べてくれる。カレー風味のみそをぬって焼いたさばは、ご飯がモリモリ進む味。白飯もいいけれど、バターと塩を炊きたてご飯にざくざく混ぜたバターライスが絶妙な組み合わせ。副菜のタイ風サラダにもさばをほぐしてしのばせた。サラダで余ったミニトマトは、マリネにしてもう一品。ワインは大人だけに許された「おまけ」です。

「さばのスパイシーみそ焼き」P122／「焼きさばのヤムウンセン」P124

◎さばとキムチ。味にパンチのある2食材を加えたら、ポテサラのごちそう感がマシマシに

焼きさばとキムチのポテトサラダ

2人分

さば（三枚におろしたもの）…… 1/4尾分
塩 …… 少々
じゃがいも（中）…… 2個
白菜キムチ …… 50g
マヨネーズ …… 大さじ3
小ねぎ（斜め切り）…… 2本分

① さばは半分に切り、両面に塩をふる。魚焼きグリルに並べて上下強火で7～8分焼く。粗熱が取れたら手で大まかにほぐす。

② じゃがいもは皮をむき、ひと口大に切る。鍋にじゃがいもを入れ、かぶるくらいの水を注いでゆでる。じゃがいもがやわらかくなったら湯を捨てて再び鍋を中火にかけ、鍋の中の水分を完全に飛ばし、粉ふきいもにする。

③ ボウルに白菜キムチ、マヨネーズ、さば、じゃがいもを入れて混ぜる。器に盛り、小ねぎをのせる。

キムチの辛味と発酵由来の酸味、焼きさばの香ばしさを加えたポテトサラダは、サイドメニューというよりも、献立の主役級。さばの分量を増やせば、主菜としても楽しめます。

さばの竜田揚げ 2種のソースで

香りと酸味がさわやかなサルサヴェルデと、辛味が効いたチリソースを添えるだけで、いつものおかずが名酒肴に昇格。どちらの味もビールや焼酎のソーダ割りなど、シュワッとしたお酒を呼びます。竜田揚げは衣にコーンスターチを使うと、冷めてもサクサクの食感が持続。お弁当にもおすすめです。

4人分

さば（三枚におろしたもの）…… 1尾分
A しょうゆ …… 大さじ1
　酒 …… 大さじ1
　しょうが（すりおろす）…… 小さじ1
コーンスターチ（片栗粉でも）…… 適量
揚げ油 …… 適量

① さばは4㎝長さに切り、ポリ袋、またはボウルに入れ、Aをまぶして15分以上おく。

② ①の汁けをきって全体にコーンスターチをまぶす。揚げ油を180℃に熱し、3〜4分揚げ、油をきる。

③ 青じそのサルサヴェルデ風とトマトスイートチリソースはそれぞれよく混ぜ、さばの竜田揚げに添える。

青じその サルサヴェルデ風

青じそ（みじん切り）…… 5枚分
パセリ（みじん切り）…… 大さじ1
梅干し（種を取ってたたく）…… 1個分
オリーブオイル …… 大さじ4
塩 …… 少々
砂糖 …… 少々

トマトスイート チリソース

トマトケチャップ …… 大さじ5
タバスコソース …… 小さじ1
カレー粉 …… 少々

◎揚げたても冷めてもおいしいレシピです。２種のソースを添えれば「魚」がお酒の進む「肴」に

焼きさばのバインミー

2人分

さば（三枚におろしたもの）……½尾分
塩……適量
大根……2.5cm（100g）
にんじん……⅓本
紫玉ねぎ……¼個
A 酢……大さじ3
　砂糖……大さじ1
フランスパン……1本
マヨネーズ……大さじ2
リーフレタス……2枚

① さばは半分に切り、両面に塩少々をふる。魚焼きグリルに並べ、上下強火で10分ほど焼く。

② 大根、にんじんは皮をむいて5㎜幅の拍子木切りにする。紫玉ねぎは薄切りにする。

③ 大根とにんじんに塩小さじ½をまぶして5分ほどおく。水けをしっかりしぼり、紫玉ねぎ、Aと合わせ、さっと和える。

④ フランスパンは長さを半分に切り、縦に切り込みを入れてマヨネーズを半量ずつぬる。リーフレタス、③、さばをはさむ。

◎こんがり焼いたさばをベトナム風のサンドイッチに。甘酸っぱいなますが味のアクセント

ベトナムのバゲットサンド「バインミー」は、にんじんと大根で作るなますをはさむのがお約束。さばの強いうまみとなますの甘酸っぱさ。相反するふたつの味をパンにぬったマヨネーズがつないでくれます。カリッとトーストした食パンにはさんでもおいしいですよ。

焼きさばの台湾混ぜそば

2人分

さば（三枚におろしたもの）……1/4～1/2尾分
塩……ひとつまみ
中華蒸しめん……2玉
にら……1/3束
小ねぎ……4本
にんにく（みじん切り）……小さじ2
しょうが（みじん切り）……小さじ1
ごま油……大さじ2
豆板醤……小さじ1/2
A オイスターソース……大さじ1
　しょうゆ……大さじ1
　酒……大さじ1
　砂糖……小さじ2
卵黄……2個分

① さばは両面に塩をふる。魚焼きグリルに並べ、上下強火で7～10分焼く。粗熱が取れたら、手で大まかにほぐす。

② 中華めんは表示時間通りゆで、冷水にとって水けをきり、ごま油少々（分量外）をまぶす。

③にらは粗みじん切りにする。小ねぎは小口切りにする。

④フライパンにごま油、にんにく、しょうがを入れて中火にかけ、香りが出てきたら豆板醤を加えてさっと炒める。Aも加えてさっと煮立て、火を止める。

⑤器に中華めん、①のさば、③のにらと小ねぎ、卵黄を彩りよく盛る。④のたれをかけ、全体を混ぜて食べる。

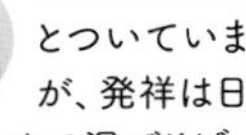

名前に「台湾」とついていますが、発祥は日本ともいわれる混ぜそば。にんにくを効かせたひき肉そぼろを中華めんにたっぷりのせるところを、ほぐした焼きさばでアレンジ。にらやねぎといったクセの強い香味野菜に負けない、力強い青魚のうまみが食欲をかき立てます。

◎そそる見た目。そそる香り。お箸でザクザク混ぜて、ワシワシ豪快にかっこんで！

うまみ倍増！ 干さない 一夜干し

干物を作ってみたいけれど、衛生面やにおいが気になって二の足を踏んでいる人におすすめなのが、冷蔵庫で作る「干さない一夜干し」。冷蔵室の庫内は乾燥しているため、塩をふったさばをひと晩おくだけでさばからほどよく水分が抜け、うまみが凝縮されます。ラップで包んで冷凍すれば、1か月ほどもちます。

2~4人分

さば（三枚におろしたもの）……1尾分
塩……小さじ⅔

一 さばの両面にまんべんなく塩をふるべし

さばに塩をふって余分な水分を抜き、うまみを引き出します。塩の分量は守り、両面にまんべんなくふりましょう。

① バットに脱水シートや不織布のキッチンペーパーなどを敷き、さばの皮面を下にして並べる。塩小さじ⅓をさば½尾分の両面にまんべんなくふる。

二 冷蔵庫でひと晩。水分が抜け、うまみが凝縮する

冷蔵室におき、さばの身を乾燥させます。ひと晩おくと、水分が抜けて身が引き締まり、表面にツヤが出ます。

② さばを並べたバットは、ラップをせずに冷蔵室にひと晩おく。水けを軽くふき、魚焼きグリルに並べて上下強火で10分ほど焼く。

◎塩をふって冷蔵庫で寝かせただけとは思えない、クオリティの高さ。燗酒の良き友に

焼いたさばの一夜干しには、大根おろしや好みの柑橘などを添えて。
しょうゆをひとたらししてもおいしい。日本酒のアテにこれ以上ない逸品です！

お魚質問箱

教えてあげる！

Q 魚をきれいに食べるには？

A 一尾魚を食べるときに気になるのが、骨。魚の骨格がわかれば、案外スムーズに食べられます（魚の骨格→P45）。内臓があった部分には腹骨があり、これらが口に入ると取り出しにくいので、箸でよけながら食べましょう。

あじの塩焼きの食べ方

1 頭から尾に向かって背骨に沿って箸を入れ、身をはがしやすくする。

2 内臓があった部分を避け、頭から尾に向かって上身と下身をそれぞれ食べ進める。

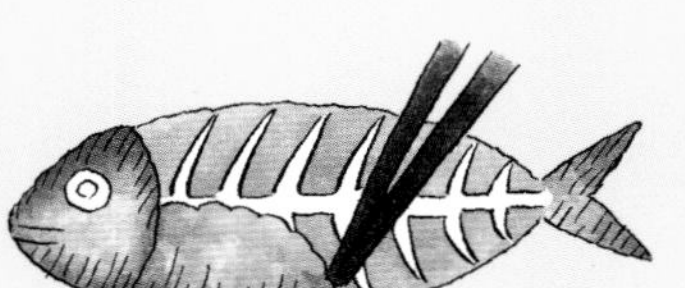

3 内臓部分を外して表裏を返し、頭を左手で持ち、背骨と一緒に外す。残る半身も2と同じように食べる。内臓部分は腹骨を外して食べる。

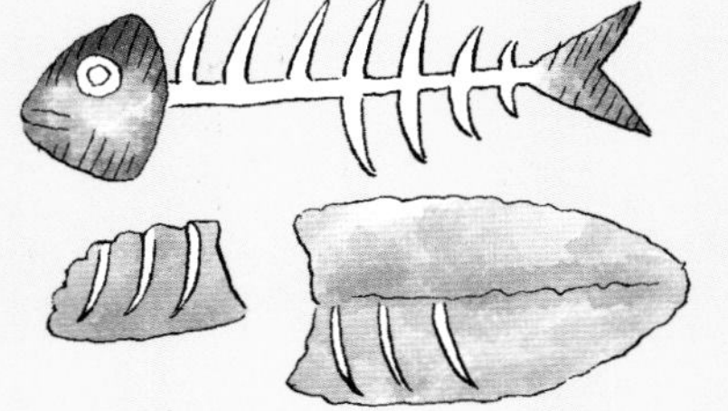